JAMES GEORGE FRAZER

L'AVOCAT
DU DIABLE

OU

LA TÂCHE DE PSYCHÉ

TRADUCTION DE GEORGES ROTH

PRÉFACE DE SALOMON REINACH

PARIS

LIBRAIRIE ORIENTALISTE PAUL GEUTHNER

13, RUE JACOB — VI'

1914

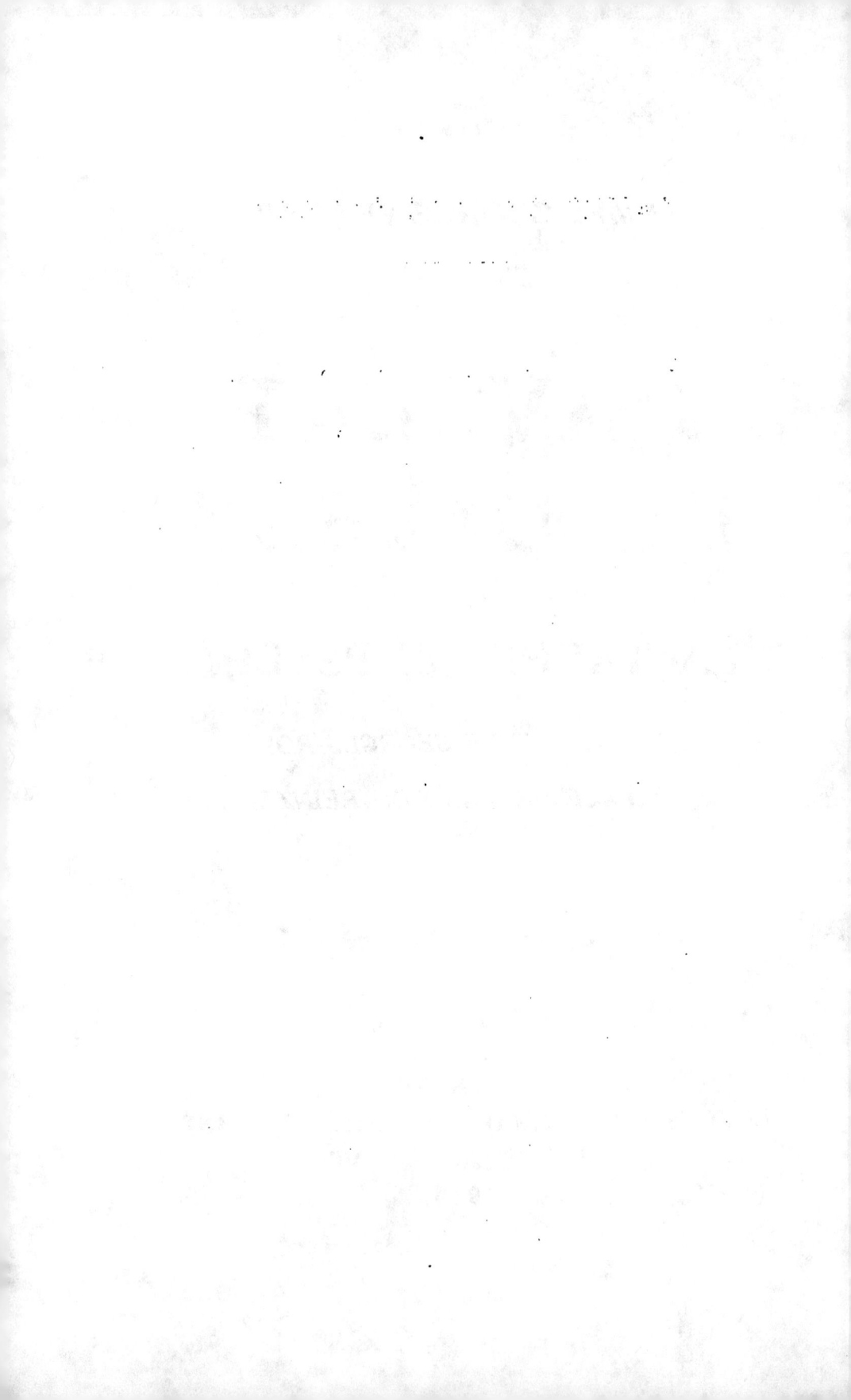

L'AVOCAT DU DIABLE

Du même Auteur :

Les Origines magiques de la Royauté. Traduction de Paul-Hyacinthe Loyson, 359 pp., petit in-4, 1920.

Les Origines de la Famille et du Clan. Trad. par Mme la comtesse de Pange, 186 pp., in-8, Ann. Musée Guimet. Bibl. d'études), t. XXX, 1923.

Le Rameau d'Or. Etude de magie et d'histoire religieuse, édition abrégée, traduction française par Lady Frazer, 1 vol. gr. in-8, 1924.

Le Folklore dans l'Ancien Testament. Etude d'histoire comparée des religions. Traduction d'E. **Audra**, préface de R. **Dussaud**, vi, 447 pp., grand in-8 raisin, 1924.

Le Cycle du Rameau d'or : **Adonis**. Etude de religions orientales comparées, trad. par Lady Frazer, vii, 312 pp., in-8, An. Mus. Guimet, Bibl. d'Etudes, t. XXIX, 1921.

Le Cycle du Rameau d'or : **Le Bouc émissaire** Etude comparée d'histoire des religions, traduction française par P. Sayn, viii, 485 pp., in-8, 1925.

Le Cycle du Rameau d'or : **Atys et Osiris**. Etude de religions orientales comparées, traduction de Henri Peyre, 1 vol. in-8, 1925.

SOUS PRESSE :

Dieu, Homme et Immortalité. Pensées sur le Progrès humain, tirées des ouvrages de Sir J. G. Frazer, env. 300 pp., in-4 couronne, 1927.

Le Cycle du Rameau d'or : **Tabou et les Périls de l'Ame**. Traduction de Henri Peyre, XI et 446, in-8, 1927.

Le Cycle du Rameau d'or : **Le Dieu qui meurt**. Traduction de Pierre Sayn, 1 vol. in-8, 1927.

EN PRÉPARATION :

Le Cycle du Rameau d'or : **La Magie et l'Evolution de la Royauté**. 2 vol. in-8.

Le Cycle du Rameau d'or : **Esprits du Blé**. 2 vol. in-8.

Le Cycle du Rameau d'or : **Balder le magnifique : Les Fêtes du Feu en Europe et la Doctrine de l'Ame extérieure**, 2 vol. in-8.

PSYCHÉ, LA TRIEUSE DE GRAINES

Gravure de Marc-Antoine, d'après un tableau de Raphaël

(Bibliothèque Nationale, Cabinet des Estampes)

Ant. sal. exc.

J. G. FRAZER. *La tâche de Psyché.*

JAMES GEORGE FRAZER

L'AVOCAT
DU DIABLE

OU

LA TÂCHE DE PSYCHÉ

TRADUCTION DE GEORGES ROTH

PRÉFACE DE SALOMON REINACH

PARIS
LIBRAIRIE ORIENTALISTE PAUL GEUTHNER
13, RUE JACOB — VI'
1914

Good and evil we know in the field of this world grow up together almost inseparably; and the knowledge of good is so involved and interwoven with the knowledge of evil and in so many cunning resemblances hardly to be discerned, that those confused seeds, which were imposed on Psyche as an incessant labour to cull out and sort asunder, were not more intermixt.

MILTON, *Areopagitica.*

Il ne faut pas croire cependant qu'un mauvais principe vicie radicalement une institution, ni même qu'il y fasse tout le mal qu'il porte dans son sein. Rien ne fausse plus l'histoire que la logique : quand l'esprit humain s'est arrêté sur une idée, il en tire toutes les conséquences possibles, lui fait produire tout ce qu'en effet elle pourrait produire, et puis se la représente dans l'histoire avec tout ce cortège. Il n'en arrive point ainsi ; les événements ne sont pas aussi prompts dans leurs déductions que l'esprit humain. Il y a dans toutes choses un mélange de bien et de mal si profond, si invincible que, quelque part que vous pénétriez, quand vous descendrez dans les derniers éléments de la société ou de l'âme, vous y trouverez ces deux ordres de faits coexistant, se développant l'un à côté de l'autre et se combattant, mais sans s'exterminer. La nature humaine ne va jamais jusqu'aux dernières limites, ni du mal ni du bien ; elle passe sans cesse de l'un à l'autre, se redressant au moment où elle semble le plus près de la chute, faiblissant au moment où elle semble marcher le plus droit.

GUIZOT, *Histoire de la civilisation en Europe,* 5e Leçon.

À TOUS CEUX QUI SE VOUENT

À LA

TÂCHE DE PSYCHÉ

SÉPARER

LES SEMENCES DU BIEN

DES SEMENCES DU MAL

JE DÉDIE CE DISCOURS

J. G. F.

PRÉFACE
À LA PRÉSENTE ÉDITION

Bannie par l'Amour, poursuivie par la haine de Vénus, Psyché, parmi des tribulations diverses, est condamnée à trier des graines ; heureusement, dans sa tâche pénible, elle est aidée par des fourmis. Il y a longtemps que cet épisode d'un conte charmant, où tout prête à l'allégorie, a été l'objet d'interprétations allégoriques ; mais il était réservé à M. Frazer d'en trouver une qui fût à la fois simple, profonde et bien *moderne*. Ce travail de triage, c'est, à proprement parler, une sélection, et cette sélection est un des labeurs imposés à l'humanité dont Psyché est le symbole. Toute société vivace, non seulement à ses débuts, mais dans le cours entier de son histoire, est en présence d'une masse indi-

geste d'idées, de traditions, de tendances,
parmi lesquelles, inconsciemment, elle choisit celles qui paraissent appropriées à ses
besoins, favorables à sa conservation et à ses
progrès. Elle ne les choisit pas après réflexion,
d'une vue directe ; l'expérience accomplit son
œuvre lente dans le temps, et c'est là même
ce que depuis Darwin et Spencer on entend
par la sélection. Ainsi l'humanité diffère de
Psyché en ce qu'elle ne conçoit pas clairement sa tâche ; il y a encore cette différence
qu'elle ne rejette pas entièrement les mauvaises graines, mais en retire ce qu'elles ren-
ferment de nourrissant. De la sorte, il arrive
que préjugés et erreurs mêmes peuvent
devenir pour elle la source d'impulsions
fécondes et de bienfaits.

M. Frazer a choisi, pour illustrer sa thèse,
un petit nombre de faits généraux, tous rele-
vant des institutions civiles. Il a montré que
le préjugé et la superstition — mauvaises
graines — ont fortifié le respect de l'autorité
et par là contribué à faire régner l'ordre, condition de tout progrès social. Il a montré
que d'autres préjugés, souvent tout à fait

ridicules, ont contribué à créer le respect de la propriété privée, celui du lien conjugal, de la vie humaine, sans lesquels on ne peut concevoir la création de richesses, la moralité en matière sexuelle, la sécurité de la vie physique. Tout cela a été établi avec l'immense érudition ethnographique dont l'auteur a déjà donné tant de preuves, avec l'élégance et la finesse qui ajoutent tant de charme à son érudition. Après l'avoir lu, on ne répétera pas sans réserves le vers de Lucrèce : *Tantum religio potuit suadere malorum*, vers où il convient, comme nous y étions tenus au collège, de traduire *religio* par « superstition ». On ne dira pas non plus avec Montesquieu : « Je me croirais le plus heureux des mortels si je pouvais faire que les hommes pussent se guérir de leurs préjugés », puisqu'il est certain que le préjugé porte souvent en soi un germe, sinon de vérité, du moins d'utilité sociale. Les philosophes du xviiie siècle, notamment Voltaire, opposaient volontiers la raison au préjugé et ne concevaient pas — l'idée de l'évolution étant encore à naître — que le préjugé pût envelopper de la raison.

De là, leurs tendances généralement pessi-
mistes, les préjugés étant toujours plus
répandus que les idées raisonnables ; ils
auraient changé d'avis si l'ethnographie leur
avait enseigné que la raison est souvent le
résidu du préjugé usé par l'expérience,
comme la paillette d'or est le résidu du
quartz lavé et trituré par les grandes eaux.

Les préjugés absurdes, quoique finalement
bienfaisants, qu'a étudiés M. Frazer, sont
tous, du moins à l'origine, de ceux qu'on
désigne par le mot polynésien de *tabous*. Déjà
dans sa première étude sur les tabous (9e édition de l'*Encyclopédie Britannique*), M. Frazer avait indiqué en termes excellents tout ce
que l'humanité doit à ces scrupules, si vains
en apparence et si contraires au bon sens. A
sa suite et le traduisant, en 1900, j'écrivais
ces lignes qu'on me permettra de citer, parce
qu'elles résument exactement l'opinion du
savant anglais, si brillamment développée par
lui dans le présent livre : « Le caractère primitif du tabou doit être cherché dans son élément religieux, non pas dans son élément
civil. Ce n'a pas été la création d'un législa-

teur, mais le résultat graduel de tendances
animistes, auxquelles l'ambition et la cupidité
des chefs donnèrent plus tard une extension
artificielle. Mais en secondant parfois les
desseins de l'ambition et de l'avarice, le
tabou servit aussi la cause de la civilisation,
parce qu'il donna naissance aux idées du
droit de propriété et de la sainteté du lien
conjugal — conceptions qui, avec les siècles,
devinrent assez fortes pour exister par elles-
mêmes et rejeter la béquille de superstition
qui, au temps jadis, en avait été l'unique
soutien. Car nous ne nous tromperons guère
en admettant que, même dans des sociétés
avancées, les sentiments moraux, en tant
qu'ils ne sont que des sentiments et ne sont
pas fondés sur l'expérience, doivent beaucoup
de leur force à un système primitif de tabous.
Ainsi se greffèrent sur le tabou les fruits d'or
de la loi et de la moralité, alors que la tige-
mère s'étiolait dans les bas-fonds de la superstition populaire où les pourceaux de la société
moderne cherchent et trouvent encore leur
nourriture [1]. »

1. Cf. *Cultes, Mythes et Religions*, t. II, p. 30.

Il est remarquable que les premiers Européens qui observèrent les tabous en Polynésie y virent l'invention astucieuse des chefs, désireux de consacrer leur pouvoir et leurs biens par une imposture d'ordre religieux. « Quelque fausse que soit cette interprétation, dit M. Wundt, elle a pourtant cet avantage d'indiquer clairement la direction suivant laquelle une bonne partie des coutumes à base de tabou se sont développées et écartées de leur origine[1]. » Cette direction, l'étude de l'histoire la rend sensible dans tous les domaines où s'exerce l'activité de l'homme : c'est celle que caractérise le plus brièvement le mot barbare, mais expressif et indispensable, de *laïcisation*. Le livre de M. Frazer, après bien d'autres écrits du même auteur, met en pleine lumière cette transformation progressive et irrésistible qui, de la masse confuse des croyances mystiques et des superstitions, conduit à la raison pratique, à la religion laïque de l'humanité.

SALOMON REINACH.

1. Wundt, *Vœlkerpsychologie*, t. II, 2, p. 306.

PRÉFACE DE L'AUTEUR

À LA PREMIÈRE ÉDITION (1909).

L'essentiel de l'étude suivante a été lu récemment[1] à l'une des réunions de la *Royal Institution* de Londres, et la plus grande partie en a été présentée plus tard sous forme de conférences à mon auditoire de Liverpool. Cette étude est publiée aujourd'hui dans l'espoir d'attirer l'attention sur un aspect négligé de la superstition, et de provoquer une enquête sur l'histoire primitive des grandes institutions qui forment encore maintenant la substructure de la société moderne. S'il se révélait que ces institutions ont été parfois érigées sur des bases branlantes, il serait téméraire néanmoins de conclure qu'elles dussent s'effondrer toutes. L'homme est un animal fort sin-

---

1. Février 1909.

gulier, et mieux ses habitudes sont connues, plus il nous apparaît tel. Il se peut qu'il soit le plus raisonnable des animaux, mais à coup sûr il en est le plus absurde. L'esprit morose de Swift lui-même, privé de l'aide que donne la connaissance des aces sauvages, est demeuré bien au-dessous ue la réalité dans ses efforts pour mettre en pleine lumière la sottise humaine. Mais, chose curieuse ! en dépit — ou peut-être en vertu — de ses absurdités, l'homme progresse constamment vers le mieux. Plus nous connaissons l'histoire de son passé, et d'autant moins fondée nous paraît la vieille théorie de sa dégénérescence. Parti de prémisses erronées, il arrive souvent à des conclusions justes; d'une théorie chimérique, il déduit des pratiques salutaires. Cette étude aura servi un dessein utile si elle illustre quelques-unes des façons dont la sottise se transforme mystérieusement en sagesse, et dont le bien sort du mal. C'est la simple esquisse d'un vaste sujet. Pourrai-je jamais remplir ces maigres contours de traits plus délicats et d'ombres plus marquées ? L'avenir nous le dira. Les matériaux pour ce tableau existent en abondance, et si les couleurs en restent sombres, du moins sont-elles illuminées, comme je me suis efforcé de le montrer, par un rayon d'espoir et de consolation.

J. G. FRAZER.

Cambridge, février 1909.

NOTE DE LA DEUXIÈME ÉDITION (1913)

Cette édition de la *Tâche de Psyché* a été augmentée d'exemples nouveaux, et de la discussion d'un point curieux d'étiquette sauvage, mais le fond et la forme du discours sont demeurés intacts[1].

J. G. F.

Cambridge, 6 juin 1913.

---

1. L'édition anglaise comporte également la réimpression de *The Scope of Social Anthropology*, conférence où l'auteur « essaie de tracer sommairement les limites de l'étude générale dont la *Tâche de Psyché* vise à donner quelques résultats particuliers ». (Note du Traducteur).

TÂCHE DE PSYCHÉ

INTRODUCTION

On est porté à regarder la superstition comme un mal sans compensation, fausse en soi et pernicieuse dans ses conséquences. Qu'elle soit responsable de grands méfaits en ce monde, nul ne peut le nier. Elle a sacrifié des vies sans nombre, gaspillé d'immenses trésors, armé des nations, brouillé des amis, séparé maris et femmes, parents et enfants, et mis des épées — ou pis encore — entre eux ; elle a rempli des prisons et des asiles d'aliénés de victimes innocentes ou abusées ; elle a brisé bien des cœurs, abreuvé d'amertume des vies entières, et, non contente de persécuter les vivants, elle a harcelé les morts dans leurs tombeaux et au delà, se réjouissant des horreurs que son imagination dépravée suscitait en vue de terrifier et de torturer les survivants.

Elle a fait tout cela, et davantage encore. Pourtant, il semble possible de présenter sous un jour un peu plus favorable la défense de la superstition. Sans vouloir poser pour l'avocat du Diable et apparaître devant vous au milieu de flammes bleues et de vapeurs méphitiques, je voudrais tenter d'élaborer ce que les personnes charitables pourraient appeler une défense plausible d'un client des plus suspects. Je chercherai à prouver, ou tout au moins à rendre probable, par des exemples choisis, cette proposition : que chez certaines races et à certaines phases de leur évolution, certaines institutions sociales que nous considérons tous, ou que la plupart d'entre nous considèrent comme salutaires, reposent en partie sur une base de superstition. Les institutions auxquelles je fais allusion sont purement séculières ou civiles. Je ne dirai rien ici des institutions religieuses ou ecclésiastiques. Il serait possible de montrer, croyons-nous, que même la religion n'a point échappé totalement à cette contamination, et qu'elle ne s'est pas privée de l'appui de la superstition. Mais je préfère, ce soir, me borner à l'étude des institutions civiles que l'on se figure en général fondées uniquement sur le gros bon sens et la nature des choses. Car, si les institutions dont j'aurai à parler ont toutes survécu dans notre société civilisée et peuvent se défendre au moyen d'arguments de poids et de valeur, il est à peu près certain que chez les sauvages, et même chez des peuples qui se sont élevés au-dessus de l'état de barbarie, ces mêmes institutions ont emprunté une grande partie de leur force à des croyances que nous condamnerions aujourd'hui sans réserve comme absurdes et superstitieuses.

Les institutions à propos desquelles je tenterai cette démonstration sont au nombre de quatre, à savoir :

le *gouvernement*,
la *propriété privée*,
le *mariage*,
et le *respect de la vie humaine ;*

et ce que j'ai à en dire peut se résumer dans les quatre propositions suivantes :

I. — Que, chez certaines races et à certaines époques, la superstition a affermi le respect du gouvernement, en particulier du gouvernement monarchique, contribuant ainsi à l'établissement et au maintien de l'ordre social.

II. — QUE, CHEZ CERTAINES RACES ET À CERTAINES ÉPOQUES, LA SUPERSTITION A AFFERMI LE RESPECT DE LA PROPRIÉTÉ PRIVÉE, CONTRIBUANT AINSI À EN ASSURER LA JOUISSANCE.

III. — QUE, CHEZ CERTAINES RACES ET À CERTAINES ÉPOQUES, LA SUPERSTITION A AFFERMI LE RESPECT DU MARIAGE, CONTRIBUANT AINSI À UNE PLUS STRICTE OBSERVANCE DES RÈGLES DE LA MORALE SEXUELLE, À LA FOIS CHEZ LES INDIVIDUS MARIÉS, ET CHEZ LES INDIVIDUS NON MARIÉS.

IV. — QUE, CHEZ CERTAINES RACES ET À CERTAINES ÉPOQUES, LA SUPERSTITION A AFFERMI LE RESPECT DE LA VIE HUMAINE, CONTRIBUANT AINSI À EN ASSURER LA JOUISSANCE.

Avant de traiter séparément ces quatre propositions, je tiens à faire deux remarques, que je vous prie de vouloir bien retenir. La première, c'est que mes observations porteront sur un nombre défini de races humaines, et de périodes de l'histoire. Et cela, parce que ni le temps dont je dispose ni mes connaissances ne me permettent de parler de toutes les races humaines, et de toutes les époques de l'histoire. Jusqu'à quel point les conclusions limitées que je tirerai concernant ces quelques races et ces quelques époques peuvent-elles s'appliquer aux autres, c'est là un problème dont la solution doit être momentanément réservée.

Telle est ma première remarque.

Voici maintenant la seconde. S'il est possible de prouver que, chez certaines races et à certaines époques, les institutions en question ont été basées en partie sur la superstition, il ne s'ensuit nullement que, même chez ces races, elles n'aient jamais été basées sur autre chose. Au contraire, toutes les institutions que nous allons examiner étant demeurées stables et permanentes, il y a une forte présomption qu'elles reposent principalement sur quelque chose de beaucoup plus solide que la superstition. Aucune institution uniquement fondée sur la superstition, autrement dit sur l'erreur, ne saurait être permanente. Si elle ne répond pas à quelque besoin réel de l'humanité, si ses fondements ne pénètrent pas fort avant dans la nature des choses, il faut qu'elle périsse ; et le plus tôt est le mieux. Telle est ma seconde remarque.

CHAPITRE PREMIER

DU GOUVERNEMENT

Ces deux observations faites, j'aborde ma première proposition, à savoir : que, chez certaines
races et à certaines époques, la superstition a
affermi le respect du gouvernement, en particulier
du gouvernement monarchique, contribuant
ainsi à l'établissement et au maintien de l'ordre
social.

Chez nombre de peuples, le rôle du gouvernement s'est trouvé grandement facilité par l'opinion que les gouvernants appartiennent à une
classe d'êtres supérieurs, jouissant d'un pouvoir surnaturel et magique auquel les gouvernés
ne sauraient prétendre, ni opposer de résistance.
Par exemple, le Dr Codrington nous informe
que, chez les Mélanésiens, « l'autorité des chefs
a toujours reposé sur la croyance en un pouvoir
surnaturel qu'ils tiendraient des esprits ou des
fantômes avec qui ils sont en relations. A mesure que cette croyance s'est affaiblie, comme,

il y a quelques années, dans les îles de Banks, la situation du chef a tendu à devenir précaire ; et comme, à l'heure actuelle, cette croyance est partout minée, il est indispensable que surgisse une nouvelle espèce de chef, sinon une période d'anarchie s'ouvrira » [1]. D'après le rapport d'un indigène Mélanésien, l'autorité des chefs repose entièrement sur la croyance qu'ils communiquent avec des génies puissants et jouissent d'un pouvoir magique ou *mana*, qui leur permet de faire peser l'influence de ces génies sur la vie humaine. Quand un chef infligeait une amende, on la payait parce qu'on croyait fermement qu'il pouvait frapper d'une calamité ou d'une maladie quiconque lui résisterait. Dès qu'un nombre suffisant de ses sujets se prirent à douter de son influence auprès des génies, sa faculté de lever des impôts s'en trouva diminuée [2]. C'est ainsi qu'en Mélanésie le scepticisme religieux tend à ébranler les fondements de la société civile.

M. Basil Thomson nous apprend également que « la clé du système gouvernemental en Mélanésie est le culte des Ancêtres. De même qu'un Fidjien n'accomplissait jamais aucun acte qui ne fût dicté par la crainte des Puissances Invi-

1. R. H. Codrington, *The Melanesians* (Oxford, 1891), p. 46.
2. R. H. Codrington, *op. cit.*, p. 52.

sibles, de même sa conception de l'autorité humaine avait son fondement dans la religion ». On croyait que le chef mort continuait de veiller jalousement sur ses sujets, et de les punir par des disettes, des inondations, des orages, quand ils négligeaient d'apporter sur sa tombe des offrandes pour se concilier son esprit. La personne de son descendant, le chef vivant, était sacrée. Elle était isolée par le cercle magique d'un *tabou*, et l'on ne pouvait seulement la toucher sans encourir la colère des Invisibles. « La première atteinte au pouvoir de ces chefs fut portée inconsciemment par les missionnaires. Ceux-ci, non plus que les chefs eux-mêmes, ne se rendaient compte du lien étroit qui unissait le gouvernement fidjien et la religion. Dès qu'un missionnaire avait pris pied dans un village où résidait le chef, c'en était fait du tabou ; et c'est ce tabou qui inspirait en partie le respect de la hiérarchie. Le tabou eut la vie dure, comme toutes les institutions de ce genre. On continua d'apporter au chef les prémices de la terre, mais on ne les déposa plus au temple après les lui avoir présentées, parce qu'on n'avait plus l'excuse que l'offrande serait destinée à persuader les ancêtres d'accorder abondance et prospérité aux vivants. N'étant plus soutenu par les prêtres, le chef

sacré connut des temps difficiles » ; car à Fidji,
comme en d'autres endroits, prêtre et chef,
quand ce n'était pas une seule et même personne, faisaient le jeu l'un de l'autre, sachant
fort bien tous deux qu'ils ne pouvaient maintenir leur influence sans se prêter un mutuel
appui [1].

En Polynésie, l'état de choses était analogue.
Là aussi, la domination des chefs reposait largement sur la croyance à leur pouvoir surnaturel, à leurs rapports avec les mânes de leurs
ancêtres, à la vertu magique du tabou dont
leur personne était investie et qui mettait entre
eux et le commun des mortels une barrière invisible, mais redoutable, qu'on ne pouvait franchir sans périr. En Nouvelle-Zélande, les chefs
Maoris étaient tenus pour des dieux vivants
ou *atuas*. Le révérend Richard Taylor, qui
fut missionnaire dans ce pays pendant plus
de trente ans, nous raconte qu'un chef Maori
« affectait en parlant un ton qui ne lui était pas
naturel, en guise de langage de cour ; il se
tenait à l'écart de ses inférieurs, prenait ses
repas à part ; sa personne était sacrée ; il avait
le privilège de converser avec les dieux ; il pré-

---

1. Basil Thomson, *The Fijians, a Study of the Decay of Custom*
(Londres, 1908), pp. 57-59 ; 64, 158.

tendait être un dieu lui-même, faisant du *tapu*
un puissant auxiliaire pour établir sa domination sur ses sujets et leurs biens. On employait
tous les moyens pour obtenir cette dignité : on
estimait de la plus haute importance que le chef
fût de forte stature ; afin de donner à son enfant
la taille désirée, le chef le confiait à plusieurs
nourrices qui privaient leurs progénitures de
leur lait pour l'en nourrir ; et tandis que les
pauvres petits s'étiolaient, à demi morts d'inanition, l'enfant du chef, au contraire, devenait
bientôt remarquable par son apparence de santé.
Ce sentiment ne se bornait pas seulement au
corps ; le chef était bien *atua*, mais il y avait des
dieux puissants et des dieux impuissants ; chacun cherchait, bien entendu, à se ranger parmi
les premiers ; le moyen adopté à cet effet était
d'incorporer l'âme des autres à la sienne propre.
Ainsi, lorsqu'un guerrier tuait un chef, il lui
arrachait immédiatement les yeux et les avalait,
car l'*atua tonga*, ou principe divin, était censé
résider dans cet organe ; de la sorte, non seulement
il anéantissait le corps de son ennemi, mais il se
rendait maître de son âme, et par suite, plus il
massacrait de chefs, plus son caractère divin
prenait de l'importance... Un autre trait distinctif du commandement était l'éloquence ; un

bon orateur était comparé au *korimako*, l'oiseau le plus mélodieux de la Nouvelle-Zélande ; pour permettre au jeune chef d'en devenir un, on le nourrissait de cet oiseau afin qu'il pût d'autant plus facilement en acquérir les talents ; et l'orateur accompli recevait le nom de *korimako* ». [1]

Un autre écrivain nous apprend encore que les avis des chefs Maoris « étaient plus considérés que ceux des autres, tout simplement parce qu'on les regardait comme l'expression de la pensée de personnages déifiés. On n'entourait pas ces chefs d'un cortège somptueux, mais leur personne était sacrée... Beaucoup d'entre eux se croyaient inspirés ; ainsi Te-Heu-Heu, grand chef et grand-prêtre de Taupo, peu de temps avant d'être enseveli sous un éboulement de terrain, disait à un missionnaire européen : « N'allez pas croire que je sois un homme, que je sois d'origine terrestre. Je viens des cieux ; tous mes ancêtres y sont ; ce sont des dieux ; et moi je retournerai vers eux [2] ». La personne d'un chef Maori était à ce point sacrée qu'il était contraire aux lois de la toucher, fût-ce pour lui

1. Rev. Richard Taylor. *Te Ika A Maui, or New-Zealand and its inhabitants* (2ᵉ édit., Londres, 1870), pp. 352 *sq*. Sur les *atuas* ou dieux, cf. *ibid*. pp. 134 *sq*.

2. A.-S. Thomson, *The Story of New-Zealand* (Londres, 1859), I, 95 *sq*.

sauver la vie. On vit un jour un chef, sur le
point d'étouffer, lutter désespérément contre une
arête de poisson logée dans sa gorge, sans qu'une
seule des personnes qui l'entouraient et qui se
lamentaient sur son sort osât le toucher ou
même l'approcher, car c'eût été risquer sa vie
de le faire. Un missionnaire qui passait vint
au secours du chef et le sauva en extrayant
l'arête. Dès que ce dernier eut recouvré l'usage
de la parole, ce qui n'arriva qu'au bout d'une
demi-heure, ce fut pour exiger que les instruments chirurgicaux ayant servi à l'extraction
lui fussent remis en dédommagement du tort
qu'on lui avait causé en touchant sa tête et en
faisant couler de son sang sacré. [1]

Non seulement la personne du chef Maori,
mais encore tout objet qui avait subi son contact
était sacré, et quiconque aurait eu l'audace sacrilège d'y porter la main serait, pensaient les
Maoris, tombé mortellement frappé. On cite
des cas où des Maoris moururent de pure
frayeur en apprenant qu'ils avaient à leur insu
mangé les reliefs du repas d'un chef, ou manié
quelque objet lui appartenant. Par exemple, une
femme qui avait goûté à de belles pêches tirées

---

1. W. Yate, *An account of New-Zealand* (Londres, 1835),
pp. 104 *sq*, note.

d'un panier, apprit qu'elles provenaient d'un
lieu tabou. Le panier lui tomba aussitôt des
mains, et elle se mit à crier dans son désespoir
que l'*atua*, ou divinité, du chef dont le caractère
venait d'être ainsi profané, allait la tuer. Ceci
se passait dans la soirée ; le lendemain à midi,
la femme avait cessé de vivre[1]. De même le
briquet d'un chef fut fatal à plusieurs individus
qui, l'ayant trouvé et s'en étant servi pour allumer leurs pipes, moururent d'effroi en apprenant qui en était le propriétaire[2]. C'est pourquoi un chef prévoyant jetait les vêtements ou
tout paillasson dont il n'avait plus besoin en
quelque lieu inaccessible, de peur qu'un de ses
sujets ne les trouvât et ne fût foudroyé au choc de
leur inhérente divinité. Pour la même raison, le
chef n'activait jamais un feu de son souffle, car
son haleine sacrée aurait communiqué sa sainteté au feu, le feu l'aurait transmise à la viande
qu'on y eût fait cuire, cette viande l'aurait trans-
férée à l'estomac de celui qui l'eût mangée,
et celui-ci en serait mort[3]. Ainsi, le caractère
divin encerclant un chef Maori était comme une

---

1. W. Brown, *New-Zealand and its Aborigines* (Londres, 1845),
p. 76. Comparer *Old New-Zealand*, par un Pakeha Maori,
(Londres, 1884), pp. 96 *sq*.

2. R. Taylor, *op. cit.*, p. 164,

3. R. Taylor, *op. cit.*, pp. 164, 165.

flamme dévorante qui flétrissait et consumait
tout à sa portée. Il n'est pas étonnant que de
tels hommes aient, implicitement, pu se faire
obéir.

Les choses allaient à l'avenant dans le reste
de la Polynésie. Par exemple, les indigènes de
Tonga croyaient que quiconque prenait son manger de ses propres mains, après avoir touché
la personne sacrée d'un chef, devait enfler et
mourir. La sainteté du chef, tel un poison violent, contaminait les mains de son inférieur et, se
communiquant par elles aux aliments, causait
la mort de celui qui les ingérait, à moins qu'il
ne prît la précaution de s'immuniser en touchant les pieds du chef d'une certaine façon [1].
A Tahiti, quand un roi entrait en fonction, il se
présentait sanglé d'une ceinture sacrée de plumes
rouges, qui non seulement l'élevait à la plus
haute dignité terrestre, mais l'identifiait aux
dieux [2]. Désormais, tout objet touchant de près
ou de loin au roi ou à la reine, les vêtements qui
les couvraient, la maison où ils habitaient, les
canots dans lesquels ils naviguaient, leurs por-

1. W. Mariner, *Account of the Natives of the Tonga Islands*
(2e édit., Londres, 1818), I, 141 *sq.* note, 434, note ; II, 82 *sq.*,
222 *sq.*

2. W. Ellis, *Polynesian Researches*, 2e édit. (Londres, 1832-
1836), III. 108.

teurs mêmes, tout devenait sacré, jusqu'aux sons des syllabes composant leurs noms qui ne pouvaient plus s'employer dans une acception ordinaire. C'est pourquoi les noms primitifs de la plupart des objets avec lesquels ils étaient familiers ont subi, de temps à autre, des modifications considérables. Le sol qu'ils foulaient, ne fût-ce qu'accidentellement, devenait sacré; s'il leur arrivait d'entrer dans quelque logis, les occupants devaient le quitter à tout jamais, et cette habitation ne pouvait plus servir qu'à ces divins personnages. Personne n'avait le droit de toucher le roi ou la reine et quiconque aurait étendu le bras ou passé la main au-dessus de leur tête eût payé de sa vie cet acte sacrilège. C'est en raison de leur caractère sacré que ces rois ne pouvaient jamais pénétrer dans aucune demeure, sauf dans celles qui étaient spécialement affectées à leur usage et interdites à tout autre individu, et qu'ils ne pouvaient circuler dans l'île que sur leurs domaines héréditaires[1] ».

A l'intérieur de l'Angola, les Cazembes regardaient leur roi comme un être si saint que nul ne pouvait le toucher sans être tué par le pouvoir magique émanant de sa personne sacrée;

---

1. W. Ellis, *op. cit.*, III, 101 *sq.* J. Wilson, *Missionary Voyage to the Southern Pacific Ocean* (Londres, 1799), pp. 329 *sq.*

toutefois, quiconque s'était trouvé en contact personnel avec Sa Majesté, par nécessité ou par accident, pouvait échapper à la mort en touchant les mains du roi d'une façon spéciale[1]. De semblables croyances ont cours dans la région malaise, où cette théorie du roi Homme-Dieu règne aussi fortement peut-être qu'en aucune autre partie du monde. « Non seulement la personne du roi est sacrée, mais la sainteté de son corps est censée se communiquer à ses insignes, et causer la mort de ceux qui violent les tabous royaux. On croit fermement que quiconque offense gravement la personne du roi ou le touche (ne fût-ce qu'un instant) ou copie (même avec sa permission) les principales pièces des insignes royaux, ou qui fait un usage illégal des prérogatives ou privilèges du pouvoir, celui-là sera *kĕna daulat*, c'est-à-dire frappé de mort, foudroyé par une sorte de décharge électrique issue de ce pouvoir divin qui, selon les Malais, réside en la personne du roi et s'appelle *daulat* ou Sainteté Royale[2] ». Les Malais croient de plus que le roi exerce une influence personnelle

1. *Zeitschrift für allgemeine Erdkunde* (Berlin), VI (1856), pp. 398 *sq.* ; F.-T. Valdez, *Six Years of a Traveller's Life in Western Africa* (Londres. 1861), II, 251 *sq.*

2. W. W. Skeat. *Malay Magic* (Londres, 1900). pp. 23, *sq.*

sur les phénomènes de la nature, tels que la croissance des moissons, et le rendement des arbres fruitiers[1]. Certains des Dayaks des collines du Sarawak apportaient leurs grains de riz au rajah Brooke, pour qu'il les fertilisât; et une année que la récolte de riz était maigre, le chef de la tribu remarqua qu'il n'en pouvait être autrement, vu que le rajah ne les avait pas visitées[2]. Chez les Toradjas du centre de l'île Célèbes, « l'autorité du rajah de Loowoo repose en majeure partie sur la superstition et la tradition. Les ancêtres avaient servi le rajah en leur temps, et si leurs descendants manquaient à le faire, ils auraient à redouter la colère des dits ancêtres. Souvent des Toradjas nous ont dit : « Le rajah de Loowoo est notre dieu. » Ils voyaient en lui l'incarnation absolue de leurs anciennes institutions. On disait couramment qu'il avait le sang blanc, et le pouvoir mystérieux qui émanait de lui était tenu pour si grand qu'un Toradja du commun ne pouvait voir le rajah sans souffrir d'un ballonnement de ventre dont il mourait[3]. »

1. W. W. Skeat, op. cit., p. 36.
2. Hugh Low, Sarawak (Londres 1848), pp. 259 sq.
3. N. Adriani en Alb. C. Kruijt, De Bare'e-sprekende Toradja's van Midden Celebes, I (Batavia, 1912), pp. 130 sq.

On croit de même en Afrique que les rois
sont doués du pouvoir magique de faire tomber
les pluies et pousser les moissons ; la sécheresse
et la famine sont attribuées à la faiblesse ou à la
mauvaise volonté du roi ; en conséquence de
quoi il est puni, détrôné, ou mis à mort[1]. Pour
ne citer que deux ou trois exemples entre mille,
voici ce que nous apprend un écrivain du
xviiie siècle sur le royaume du Loango, dans
l'Afrique occidentale : « Le gouvernement, chez
ces peuples, est purement despotique. Ils disent
que leur vie et leurs biens appartiennent au
roi ; que celui-ci peut en disposer et les en priver
comme bon lui semble, sans aucune forme de
procès, et sans que ses sujets aient lieu de se
plaindre. Ils témoignent en sa présence des
marques de respect qui ressemblent à de l'adoration. Les individus des classes inférieures
sont persuadés que son pouvoir ne se borne pas
aux limites terrestres, mais qu'il a assez de
crédit pour faire tomber la pluie des cieux.
Aussi ne manquent-ils pas, lorsque la sécheresse
se prolonge et leur inspire des inquiétudes au
sujet des récoltes, de lui représenter que, s'il n'a
cure de faire arroser les champs de son royaume,

1. On trouvera des exemples dans : J. G. Frazer, *The Magic
Art and the Evolution of Kings*, I, pp. 342, *sq.*, 392 *sq.*

ses sujets mourront de faim et se trouveront
dans l'impossibilité de lui offrir les présents
accoutumés. Pour donner satisfaction à son
peuple, sans toutefois se compromettre auprès
du ciel, le roi passe l'affaire à l'un de ses minis-
tres auquel il donne l'ordre de faire tomber
sans délai la pluie nécessaire à la fertilité des
champs. Quand le ministre aperçoit un nuage
précurseur de pluie, il se montre en public
comme pour exécuter les ordres de son prince.
Femmes et enfants se groupent autour de lui,
criant à tue-tête : De la pluie ! de la pluie ! —
Et il leur en promet [1]. » On honore le roi du
Loango, nous dit un autre écrivain, « tout comme
un dieu; on le nomme *Sambi* et *Pango*, mots
qui signifient Dieu. On croit qu'il peut envoyer
des pluies comme il lui plaît, et une fois l'an,
en décembre, saison où la pluie leur est nécessaire, les gens viennent lui demander de leur en
accorder; à cette occasion, ils lui apportent des
présents, et nul ne vient les mains vides. »
Alors, au jour fixé, les chefs ayant rassemblé
leurs troupes en tenue de guerre, les tam-tams
battent, les cors retentissent, et le roi lance des

1. Proyart, « History of Loango, Kakongo and other Kingdoms
in Africa » dans John Pinkerton, *Voyages and Travels* (Londres,
1808-1814), XVI, 577. Cf. O. Dapper, *Description de l'Afrique*
(Amsterdam, 1686), pp. 335 *sq.*

flèches en l'air, ce qui est supposé faire tomber la pluie[1]. L'historien portugais Dos Santos nous relate un semblable état de choses, de l'autre côté de l'Afrique. Il écrit : « Le roi de tous les pays intérieurs et de ceux qui longent la rivière du Sofala est un Cafre crépu, un païen qui n'adore quoi que ce soit et qui ignore l'existence de Dieu; en revanche, il se considère comme le propre dieu de toutes ses terres, et ses sujets le regardent et le vénèrent comme tel. » « Lorsqu'ils souffrent du besoin, ou de la disette, ils ont recours au roi, car ils croient fermement qu'il leur peut donner tout ce qu'ils désirent, ou tout ce dont ils ont besoin, et qu'il peut tout obtenir de ses prédécesseurs défunts avec qui, croit-on, il conserve des rapports. C'est ainsi qu'ils demandent au roi de leur procurer de la pluie lorsqu'elle est nécessaire, ou bien un temps favorable à leur moisson; et ils ne manquent pas d'accompagner leurs requêtes de superbes présents que le roi accepte en priant ses sujets de rentrer chez eux et en leur promettant de tenir compte de leurs demandes. Ils sont encore barbares au point que, tout en voyant combien rarement le roi réalise leurs

1. « The Strange Adventures of Andrew Battel », dans J. Pinkerton, *Voyages and Travels*, XVI, 330.

vœux, ils ne sont point désabusés, mais lui
offrent de nouveaux et plus riches présents; et
de nombreuses journées se passent en ces allées
et venues, jusqu'à ce que le temps tourne à la
pluie. Alors les Cafres sont satisfaits, et croient
que le roi n'a consenti à réaliser leurs vœux
qu'après avoir été suffisamment soudoyé et
importuné, comme il l'affirme lui-même pour
les entretenir dans leur erreur[1] ». Néanmoins,
« c'était autrefois l'usage chez les rois de ce pays
de se suicider en absorbant du poison, lorsque
les frappait une catastrophe ou une infirmité
physique, telle que l'impuissance, une maladie
contagieuse, la perte des dents antérieures (ce
qui les défigurait), ou toute autre difformité ou
maladie. Pour mettre un terme à ces maux, ils
se donnaient la mort, disant qu'un roi devait être
exempt de toute flétrissure. » Toutefois, à l'époque
de Dos Santos, le roi du Sofala, au mépris de
tout précédent, persista à vivre et à régner après
avoir perdu une dent de devant; et il alla même
jusqu'à taxer de folie ses prédécesseurs pour
avoir mis fin à leurs jours au sujet d'une bagatelle aussi insignifiante que des cheveux grison-

---

1. J. Dos Santos « Eastern Ethiopia », chap. v et ix, dans
G. Mac Call Theal, *Records of South-Eastern Africa*, VII (1901).
pp. 190 *sq.*, 199.

nants ou une dent gâtée ; il proclama sa ferme
résolution de vivre aussi longtemps que possible
pour le bien de ses loyaux sujets[1]. Aujourd'hui
encore, le principal guérisseur des Nandis, tribu
de l'Afrique orientale britannique, est en même
temps le chef suprême de toute la peuplade. Il
est devin, et prédit l'avenir ; il rend les femmes
et le bétail féconds ; en temps de sécheresse, il
obtient de la pluie, soit directement, soit par
l'intervention des faiseurs de pluie. Les Nandis
croient implicitement au pouvoir merveilleux de
leur chef, et regardent en général sa personne
comme absolument sacrée. Nul n'a le droit de
l'approcher les armes à la main, ou de parler
en sa présence à moins que le chef ne lui
adresse le premier la parole. Et il est de la plus
haute importance de ne pas lui toucher la tête,
sans quoi ses facultés, divinatrices et autres,
l'abandonneraient[2]. Cette conception de la
divinité des rois, si répandue en Afrique, prédo-
mina, il y a longtemps, dans l'Égypte antique,
où les rois étaient traités comme des dieux,
durant leur vie et après leur mort ; où des tem-
ples étaient voués à leur culte, et des prêtres

---

1. J. Dos Santos, *op. cit.*, pp. 194 *sq*.
2. A.-C. Hollis, *The Nandi, their Language and Folk-lore*
(Oxford, 1909), p. 49, *sq*.

désignés pour cet office[1]. Quand les récoltes
venaient à manquer, les anciens Égyptiens, tout
comme les nègres d'aujourd'hui, en rendaient
responsable le monarque régnant[2].

Une auréole de vénération superstitieuse entourait aussi les Incas, classe gouvernante de
l'ancien Pérou. Le vieil historien Garcilasso de
la Vega, fils lui-même d'une princesse Inca,
nous dit qu' « il n'est pas d'exemple qu'un Inca
de sang royal ait jamais été puni, du moins en
public, et les Indiens nient que pareille chose
se soit jamais produite. Ils disent que les Incas
n'ont jamais commis aucune faute méritant cor-
rection, parce que les enseignements de leurs
parents, joints à l'opinion générale qu'ils étaient
les fils du Soleil, nés pour enseigner le bien au
reste de l'humanité et pour le pratiquer, les
tenaient si bien en tutelle qu'ils étaient plutôt
des modèles que des occasions de scandale pour
la communauté. Les Indiens disaient aussi que
les Incas étaient exempts des tentations qui
mènent ordinairement au crime, comme la pas-
sion des femmes, la jalousie et la convoitise,

1. C.-P. Tiele, *History of the Egyptian Religion* (Londres,
1882), pp. 103 *sq.* Pour plus de détails, voir Moret, *Du caractère
religieux de la royauté pharaonique* (Paris, 1902), et J. G. Frazer,
The Magic Art and the Evolution of Kings, I, 418, *sq.*

2. Ammien Marcellin, XXVIII, 5, 14.

ou la soif de vengeance ; parce que s'ils désiraient
de belles femmes, la loi les autorisait à en avoir
autant qu'ils en voulaient ; et, non seulement on
ne leur refusait jamais aucune jolie fille dont ils
pouvaient s'éprendre, mais le père la donnait
avec les marques d'une extrême reconnaissance
à l'Inca qui voulait bien condescendre à accepter
sa fille pour servante. On peut en dire autant
de leurs biens ; car, comme ils ne manquaient
jamais de quoi que ce fût, ils n'avaient aucune
raison de convoiter le bien d'autrui, cependant
qu'en qualité de gouverneurs, ils étaient maîtres
de tous les domaines du Soleil et des Incas ; et
ceux qui en avaient la garde étaient obligés de
leur donner tout ce qu'ils désiraient, en tant
qu'enfants du Soleil et frères des Incas. Ils
n'avaient pas non plus la tentation de tuer ou
de blesser personne, par vengeance, ou dans
un mouvement de colère, car jamais personne
ne les offensait. Au contraire, ils étaient l'objet
d'une adoration, inférieure seulement à celle qui
entourait la personne du roi, et si quelqu'un, de
si haut rang qu'il fût, avait provoqué la fureur
d'un Inca, son acte aurait été tenu pour sacrilège
et sévèrement réprimé. Mais on peut affirmer que
jamais Indien ne fut puni pour avoir attenté à
la personne, à l'honneur, ou à la propriété d'un

Inca, pour cette raison qu'un délit de ce genre n'a jamais été commis, car on tenait les Incas pour des sortes de Dieux [1] ».

De telles superstitions ne se sont pas confinées aux sauvages et autres peuplades de race étrangère, habitant des contrées lointaines. Elles paraissent avoir été partagées par les ancêtres de toutes les populations aryennes, de l'Inde jusqu'à l'Irlande. Par exemple, dans l'ancien code Indien appelé les lois de Manou, on lit : « Comme le roi est formé de particules des seigneurs parmi les dieux, il dépasse en éclat tout être créé ; et, comme le soleil, il brûle les yeux et les cœurs ; et personne ici-bas ne peut même le contempler. Grâce à son pouvoir [surnaturel] il est Feu et Vent, Soleil et Lune, il est Seigneur de la Justice (Yama), il est Kubera, Varuna, grand Indra. Même enfant, le roi ne doit pas être méprisé, comme étant un [simple] mortel ; car c'est une grande déité sous forme humaine [2] ». Et dans ce même recueil, les effets du règne d'un bon roi sont ainsi décrits : « Là où le roi évite de prendre le bien des pauvres pêcheurs,

1. Garcilasso de la Vega, *First part of the Royal Commentaries of the Incas*, traduit par C. R. Markham (Londres, 1869-1871), I, 154, *sq.*

2. *The Laws of Manu*. VII, 5-8, traduites par G. Bühler (Oxford, 1886), p. 217 (*Sacred books of the East* (vol. XXV).

les hommes naissent à terme et vivent longtemps. Et les moissons des laboureurs germent
chacune selon qu'elle fut semée, et les enfants
ne meurent pas, et il n'y en a point qui naissent
difformes [1]. »

De même, dans la Grèce homérique, les rois
et les chefs étaient représentés comme sacrés et
divins ; leurs demeures aussi étaient divines, et
leurs chars, sacrés [2]. Et l'on croyait que, sous le
règne d'un bon roi, la noire Terre produisait de
l'orge et du blé, que les arbres étaient chargés de
fruits, que les troupeaux se multipliaient, et que
la mer était pleine de poissons [3]. Quand les
récoltes étaient mauvaises, les Burgondes en
blâmaient leur roi et le déposaient [4]. Les Sué-
dois aussi attribuaient toujours l'abondance ou
la pénurie de la moisson à la bonté ou à la
méchanceté de leurs rois et il est constant qu'en
temps de disette ils en ont immolé aux dieux
pour s'assurer de bonnes récoltes [5].

Les anciens Irlandais croyaient de même que

1. The Laws of Manu, IX, 246 sq. (p. 385).
2. Homère, Odyssée, II, 409 ; IV, 43, 691 ; VII, 167; VIII, 2 ;
XVIII, 405. — Iliade, II, 335 ; XVII, 464, etc...
3. Homère, Odyssée, XIX, 109-114.
4. Ammien Marcellin, XXVIII, 5, 14.
5. Snorro Sturleson. The Heims kringla, or Chronicle of the
Kings of Norway, trad. S. Laing (Londres, 1844), Saga I, chap. XVIII,
et XLVII, vol. I, pp. 230, 256.

lorsque leurs rois observaient bien les usages de
leurs ancêtres, les saisons étaient douces, les
moissons abondantes, le bétail fécond, les eaux
pullulaient de poissons, et que les arbres fruitiers étaient si chargés de fruits qu'il leur fallait
des étais. Un canon attribué à Saint Patrice
énumère parmi les bienfaits qui accompagnent
le règne d'un roi équitable : « un beau temps,
une mer calme, d'abondantes récoltes et des
arbres chargés de fruits [1]. » Des superstitions
de ce genre, courantes il y a plusieurs siècles
chez les Celtes de l'Irlande, paraissent avoir survécu chez les Celtes de l'Écosse jusqu'au
xviiiᵉ siècle ; car lorsque Samuel Johnson voyageait dans le comté de Skye, on croyait toujours
que le retour du chef des Macleods à Dunvegan
après une longue absence était cause d'une
abondante pêche de harengs [2] ; et plus tard
encore, lorsque la récolte de pommes de terre
ne rendait pas, le clan des Macleods demandait
qu'on déployât certaine bannière enchantée déte-
nue par leur chef, parce qu'ils estimaient apparemment que le simple étalage de cette bannière

1. P. W. Joyce, *Social History of Ancient Ireland* (Londres,
1903), I, 56 *sq.* — J. O'Donovan. *The Book of Rights* (Dublin,
1847), p. 8, note.
2. S. Johnson, *Journey to the Western Islands*, 1773.

magique aurait une influence favorable sur la récolte des pommes de terre[1].

Le dernier vestige, peut-être, des superstitions qui subsistèrent concernant les rois d'Angleterre, fut la croyance qu'ils étaient capables de guérir la scrofule par attouchement. Cette maladie avait même, de ce fait, reçu le nom de mal du Roi[2]; et, par analogie avec les superstitions polynésiennes mentionnées plus haut, il est permis de conjecturer que l'on croyait cette affection de la peau provoquée aussi bien que guérie par l'attouchement du roi. Il est certain qu'à Tonga, quelques formes de scrofule, ainsi que diverses scléroses du foie, auxquelles les habitants étaient fréquemment sujets, provenaient selon eux du fait d'avoir touché un chef et, d'après les principes homoeopathiques, devaient être guéris de la même manière[3].

De même, dans le Loango, la paralysie est

1. J.-C. Campbell, *Superstitions of the Highlands and Islands of Scotland* (Glasgow, 1900), p. 5.

2. W.-G. Black, *Folk-Medicine* (Londres, 1883), pp. 140 *sq.* Voir aussi J. G. Frazer, *The Magic Art and the Evolution of Kings*, I, p. 368 *sq.*; et surtout : R. Crawfurd, *The King's Evil* (Oxford, 1911), qui contient l'histoire détaillée de cette superstition depuis le XIe siècle, authentiquée par des témoignages documentaires.

3. W. Mariner, *An Account of the Natives of the Tonga Islands*, 2e édit. (Londres, 1818), I, 434, note.

nommée maladie du Roi, parce que les nègres
s'imaginent que le ciel punit ainsi ceux qui
méditent quelque trahison contre leur souve-
rain[1]. On sait que la croyance en la vertu royale
de guérir par attouchement exista à la fois en
France et en Angleterre dès le xie siècle. Le premier roi de France qui ait touché les malades
semble avoir été Robert le Pieux ; le premier
roi d'Angleterre, Édouard le Confesseur[2]. En
Angleterre, la croyance à cette faculté des rois
persista jusqu'au xviiie siècle. Samuel Johnson[3],
encore enfant, fut touché par la reine Anne,
pour ce motif[4]. Il est curieux qu'un représen-
tant aussi typique que Johnson du robuste sens
commun, ait subi dans sa jeunesse et dans sa
vieillesse le contact des anciennes superstitions
attachées au pouvoir royal, à la fois en Écosse
et en Angleterre.

En France, cette superstition se prolongea

1. Proyart, « History of Loango, Kakongo, and other Kingdoms in Africa » dans J. Pinkerton, *Voyages and Travels*, XVI,
573.

2. Raymond Crawfurd, *The King's Evil* (Oxford, 1911), pp. 11
sq., 18 *sq.*

3. Samuel Johnson (1709-1784), journaliste politique et critique
littéraire anglais. Il fut l'oracle et le « dictateur » des hommes
de lettres de son temps. Johnson fut *touché* à Londres en 1711
(Trad.).

4. James Boswell, *Life of Samuel Johson* (1re édit. en 1791).

assez longtemps encore, car, tandis que la reine
Anne fut la dernière souveraine anglaise qui ait
touché pour la scrofule, Louis XV et Louis XVI
lui-même touchèrent des milliers de malades, le
jour de leur couronnement. En 1824 encore,
Charles X, en la même occasion, dut jouer cette
farce solennelle. On rapporte que les esprits
sceptiques du temps de Louis XVI s'enquirent
de l'état de tous ceux à qui le roi avait imposé
les mains ; le résultat de ces rcherches fut
que, sur les deux mille quatre cents malades
touchés, cinq seulement recouvrèrent la santé[1].

Les précédents témoignages, si sommaires
soient-ils, suffiront à prouver que nombre de
peuples ont regardé leurs dirigeants, chefs ou
rois, avec une crainte superstitieuse, comme
des êtres d'ordre supérieur, doués de facultés
plus puissantes que le commun des mortels.
Imbus d'une vénération aussi profonde pour
ces gouvernants et d'une opinion aussi exa-
gérée de leur puissance, ils ne pouvaient que
leur obéir plus promptement et plus implicitement que s'ils avaient reconnu en eux de simples
humains. S'il en est ainsi, j'ose prétendre avoir
démontré ma première proposition, à savoir :

---

1. R. Crawfurd, *op. cit.*, pp. 144 *sq.* ; 159 *sq.*

que, chez certaines races et à certaines époques, la superstition a affermi le respect du gouvernement, en particulier du gouvernement monarchique, contribuant ainsi à l'établissement et au maintien de l'ordre social.

CHAPITRE II

DE LA PROPRIÉTÉ PRIVÉE

Je passe maintenant à ma seconde proposition, à savoir : que, chez certaines races et à certaines époques, la superstition a affermi le respect de la propriété privée, contribuant ainsi à en assurer la jouissance.

Le fait n'est nulle part aussi évident, peut-être, qu'en Polynésie, où le système du tabou a atteint son plus parfait développement ; car le résultat du tabouage[1] a été d'investir les objets, aux yeux des indigènes, d'une vertu magique ou surnaturelle qui en rendait l'abord à peu près impossible à tous, sauf à leur possesseur. De la sorte, le tabou devint un instrument puissant pour resserrer les liens — nos amis socialistes diront peut-être « river les chaînes » — de la propriété privée. A vrai dire, certaines

---

1. Nous nous excusons de ce néologisme doublement barbare, mais clair, nous l'espérons, et tout au moins commode. D'ailleurs Littré admet *tabouer*. (Trad.)

autorités compétentes, ayant une connaissance
personnelle du fonctionnement du tabou en Polynésie, ont soutenu que, dès l'origine, ce système
n'a jamais eu d'autre but. Par exemple, un
Irlandais qui a vécu pendant des années en véritable Maori chez les Maoris, et qui les a connus
intimement, écrit ceci : « L'objet primitif du
tapu ordinaire semble avoir été la préservation
de la propriété. Le *tapu* personnel ordinaire par-
ticipait fortement de cette nature. Cette forme
du *tapu* était permanente et consistait en un certain caractère sacré qui s'attachait à la personne
du chef et ne la quittait jamais. C'était là pour
lui un droit de naissance, faisant partie de lui-
même à vrai dire, dont il ne pouvait être dé-
muni, et qui était reconnu et admis en toute
occasion comme allant de soi. Les combattants,
les petits chefs, et, en fait, tous ceux qui pouvaient prétendre de quelque façon au titre de
rangatira — mot qui, pris au sens où je l'emploie
ici, signifie gentilhomme — possédaient à un
degré plus ou moins haut cette qualité mystérieuse. Elle s'étendait ou se transmettait à tous
leurs biens meubles, en particulier aux vêtements, armes, bijoux et outils, et en fait à tout
ce qu'ils touchaient. Cela empêchait les objets
leur appartenant d'être volés ou égarés, ou en-

dommagés par des enfants, ou employés et maniés par d'autres que par eux-mêmes. Et comme au temps jadis, ainsi que je l'ai déjà dit, tout objet de cette nature était précieux en raison du travail et du temps considérables nécessités, faute d'outils, pour sa fabrication, cette forme de *tapu* a rendu de réels services. Toute infraction entraînait pour le délinquant diverses espèces de terribles châtiments imaginaires, entre autres une maladie mortelle. » Le coupable était également passible de ce qu'on pourrait appeler une action civile, consistant à le rosser et à le déposséder ; mais l'auteur que je viens de citer nous dit que le pire du châtiment subi pour une violation de tabou résidait dans la partie imaginaire, puisque, même dans certains cas où le délit avait été involontaire, on a vu le délinquant mourir de frayeur en apprenant ce qu'il avait fait[1]. Un autre auteur, parlant des Maoris, remarque que « les violateurs du *tapu* étaient punis à la fois par les dieux et par les hommes. Les premiers les frappaient de mort ou de maladie ; les autres leur infligeaient la mort ou la perte de leurs biens, ou les expulsaient de la communauté. C'était la crainte des dieux plus que celle

1. *Old New-Zealand*, par un Pakeha Maori (Londres, 1884), pp. 94-97 ; cp. *id*. p. 83.

des hommes qui soutenait le *tapu*. Des yeux humains peuvent se tromper ; mais pour ceux des dieux, l'erreur est impossible. [1] » — « Les chefs, comme on peut le croire, se rendent parfaitement compte des avantages du *tapu ;* ils trouvent que ce système leur confère, jusqu'à un certain point, la faculté d'établir des lois, et que la superstition sur laquelle le *tapu* se fonde en assurera l'observance. S'ils violaient le *tapu*, ils croient que l'*atua* (Dieu) les ferait mourir, et cette conviction est si générale que c'est — ou plutôt, que c'était — chose très rare de rencontrer quelqu'un d'assez audacieux pour perpétrer un tel sacrilège. Pour que cette influence se soit aussi bien conservée chez un peuple naturellement perspicace et intelligent, il a fallu sans doute beaucoup de prudence à n'appliquer le *tapu* que de la manière ordinaire et admise. Agir autrement aurait amené de fréquentes transgressions, et, partant, la ruine de cette influence. Avant que les indigènes aient pris contact avec les Européens, le *tapu* paraît avoir

---

1. A. S. Thomson, *The Story of New-Zealand* (Londres, 1859), I, 103. Cp. E. Dieffenbach, *Travels in New-Zealand* (Londres, 1843), II, 105 : « La violation du *tapu*, si le crime reste ignoré, est puni par l'*atua*, croit-on, qui inflige une maladie au criminel ; s'il est découvert, il est puni par l'individu lésé et devient souvent un *casus belli*. »

été pleinement efficace, étant donnée la croyance
générale que toute négligence exposait infailliblement le délinquant à la colère de l'*atua*, et
que mort s'ensuivait. Indépendamment, toutefois, de l'appui que trouve le *tapu* dans les
craintes superstitieuses de ces peuplades, il a
recours, comme beaucoup d'autres lois, à la force
physique en cas de nécessité. Le délinquant,
quand on le découvrait, se voyait dépouillé de
tous ses biens ; si c'était un esclave, il avait
toutes chances d'être mis à mort, ce qui s'est
produit dans de nombreux cas. Cette superstition est si puissante que les esclaves ne se
risquent ni à manger des mêmes aliments que
leurs maîtres, ni à faire cuire les leurs sur le
même feu, dans l'idée que l'*atua* les tuerait s'ils
le faisaient. Tout ce qui entoure le chef, tout ce
qui lui appartient, est tenu pour sacré par les
esclaves. Malgré le goût qu'ils ont pour le
tabac, une feuille de cette plante serait en parfaite sûreté si elle était exposée sur le toit de la
demeure d'un chef ; personne ne se risquerait à
y toucher. Pour les mettre à l'épreuve, un de
mes amis donna une chique à un esclave et l'in-
forma, après que celui-ci l'eut mâchée, qu'elle
avait séjourné sur le toit de la maison du chef.
Le pauvre diable, dans la plus grande conster-

nation, se rendit sur-le-champ chez le chef pour lui rapporter ce qui s'était passé et le supplier de lever le *tapu* du tabac, afin de lui éviter des conséquences désastreuses[1] ».

On a donc pu dire à juste titre que « cette forme de *tapu* a puissamment contribué à sauvegarder la propriété. Les objets les plus précieux pouvaient, en général, être laissés à sa protection pendant l'absence, si lóngue qu'elle dût être, de leur possesseur »[2]. Lorsqu'un individu quelconque voulait protéger sa moisson, sa demeure, ses vêtements, ou quoi que ce fût, il n'avait qu'à les tabouer, et ces biens se trouvaient ainsi en sûreté. Pour indiquer que l'objet était tabou, il y faisait une marque. Ainsi, s'il voulait se servir d'un certain arbre de la forêt pour s'y creuser une pirogue, il attachait au tronc un bouchon de paille ; s'il désirait se réserver un massif de roseaux dans un marais, il y fichait une perche couronnée d'une poignée d'herbes ; s'il quittait sa maison en y laissant toutes ses valeurs, il en assurait la porte avec un ligament de lin, et l'endroit devenait aussi-

---

1. W. Brown, *New-Zealand and its aborigines* (Londres, 1845), pp. 12 *sq*.

2. *Old New-Zealand* par un Pakeha Maori (Londres, 1884.) p. 97.

tôt inviolable ; nul ne s'en serait approché[1].

Toutefois, bien que les restrictions imposées par tabou aient souvent été vexatoires et absurdes, et que tout le système ait parfois été traité de superstition dégradante par les Européens, les observateurs qui ont pris la peine de regarder un peu plus attentivement les choses, se sont aperçus justement que ses décrets, appuyés surtout par des sanctions imaginaires, mais toujours puissantes, ont souvent été bienfaisants. « Les Néo-Zélandais, dit un écrivain, n'auraient pu être gouvernés sans quelque code de lois analogues au *tapu*. Les guerriers se soumettaient aux prétendus décrets des dieux ; mais ils auraient repoussé avec mépris des ordres humains, et il valait encore mieux que le peuple fût régi par la superstition que par la force brutale[2]. »

Un autre missionnaire averti, et qui a bien connu les Maoris, écrit qu' « en maintes circonstances, le *tapu* a eu d'heureux effets, et qu'étant donnés l'état social, l'absence de loi, et le caractère irascible des gens, il tenait assez

---

1. R. Taylor, *Te Ika A Maui, or New-Zealand and its inhabitants*, 2e édit. (Londres, 1870), pp. 167, 171.

2. A. S. Thomson, *The Story of New-Zealand* (Londres, 1859), 105.

convenablement lieu de forme dictatoriale de gouvernement, et se rapprochait le plus d'un état de société organisée » [1].

Dans d'autres parties de la Polynésie, le système du tabou, avec les avantages et inconvénients qu'il implique, avec ses us et abus, était à peu près identique ; et partout ailleurs, comme en Nouvelle-Zélande, il resserra, en bien ou en mal, les liens de la propriété privée. Ce fut peut-être là l'effet le plus évident de cette institution. Aux îles Marquises, le tabou, dit-on, était investi d'un caractère divin, comme étant l'expression de la volonté des dieux révélée aux prêtres ; en cette qualité, il mettait des bornes aux excès préjudiciables, empêchait les déprédations, et reliait les individus entre eux. En particulier, il transformait les personnages tabou, ou privilégiés, en propriétaires fonciers ; la terre leur appartenait exclusivement, à eux et à leurs héritiers ; les gens du peuple vivaient de leur travail et de leur pêche. Le tabou était le rempart des propriétaires ; c'était la seule chose qui les élevât, par une sorte de droit divin, à une position d'opulence et de luxe au-dessus du vulgaire ; c'était leur seule sauvegarde contre les usur-

---

1. R. Taylor, *op. cit.*, pp. 172 *sq.*

pations de leurs voisins pauvres et envieux.
« Sans aucun doute, écrit l'auteur à qui j'em-
prunte ces observations, la première mission du
tabou a été de constituer la propriété, base de
toute société [1]. »

A Samoa également, la superstition joua un
rôle important dans le développement du respect pour la propriété privée. Nous avons sur
ce point le témoignage d'un missionnaire, le
Dr George Turner, qui vécut pendant de nombreuses années parmi les Samoans et nous a laissé
un précieux compte-rendu de leurs coutumes.
Il écrit : « Je me hâte de noter le second détail
que j'ai déjà signalé comme servant d'auxiliaire
au maintien de la paix et de l'ordre à Samoa,
je veux dire : *la crainte superstitieuse*. Quand le
chef et les pères de famille, ayant à instruire une
affaire quelconque de vol, de recel, ou tout autre
délit, éprouvaient de la difficulté à découvrir le
coupable, ils faisaient jurer à tous les inculpés
qu'ils étaient innocents. En prêtant serment
devant leur chef, les individus soupçonnés
posaient une poignée d'herbes sur la pierre ou

---

1. Vincendon-Dumoulin et C. Desgraz, *Iles Marquises ou Nouk-
hiva* (Paris, 1843), pp. 258-260. On trouvera des détails sur le
système du tabou aux Iles Marquises, dans G. H. von Langs-
dorff, *Reise um die Welt* (Francfort, 1812), i. 114-119; Le P. Mat-
thias G... *Lettres sur les Iles Marquises* (Paris, 1843), pp. 47 sq.

l'objet quelconque qui était censé représenter le
dieu du village ; puis ils étendaient la main dessus en disant : « En présence de nos chefs ici
réunis, j'étends la main sur cette pierre. Si c'est
moi qui ai volé l'objet en question, que je meure
sur-le-champ. » C'était là une des formules
habituelles du serment. La poignée d'herbes
était une imprécation silencieuse de plus, impliquant que la famille du voleur devait mourir,
elle aussi, et l'*herbe* pousser sur sa demeure. Si
tous juraient, le coupable demeurant inconnu,
les chefs terminaient l'affaire en la remettant au
dieu même du village et en le conjurant avec
solennité de vouer au plus tôt le délinquant à sa
perte. Mais au lieu d'en appeler aux autorités
et de faire prêter serment, un grand nombre
d'indigènes se contentaient de leurs méthodes
et de leurs imprécations personnelles pour effrayer les voleurs et prévenir les délits. Quand
un propriétaire, parcourant ses plantations,
s'apercevait qu'on lui avait dérobé quelques noix
de coco, ou un régime de bananes, il s'arrêtait
pour crier à tue-tête deux ou trois fois : « Que
le feu flétrisse les yeux de celui qui a volé mes
bananes ! Que le feu lui brûle les yeux et aussi
ceux de son dieu ! » Ce cri retentissait dans
toutes les plantations voisines et faisait trembler

le voleur. Il redoutait de telles imprécations...
Mais il y avait une autre catégorie, plus étendue, de malédictions, très redoutées également, et qui opposaient un redoutable obstacle
aux pillages, surtout au détriment des plantations et des vergers ; c'était le tabou hiérogly-
phique et silencieux, ou « *tapui* », comme on
l'appelait. Ce tabou prenait des formes très
variées [1]. »

Parmi les formes de tabou usitées à Samoa
en vue de protéger la propriété, figurent les suivantes : — 1°. Le *tabou du brochet de mer*. Afin de
garantir du vol les fruits de son arbre à pain, un
indigène tressait quelques feuilles de cocotier en
forme de brochet de mer, et suspendait une ou
plusieurs de ces effigies aux arbres qu'il voulait
protéger. Tout voleur ordinaire aurait craint
de toucher à un arbre ainsi gardé, car il ne dou-
tait pas que, s'il en arrachait un fruit, il serait
blessé mortellement par un brochet, à sa prochaine sortie en mer. — 2°. Le *tabou du requin
blanc*. L'indigène tressait des feuilles de cocotier en forme de requin, qu'il suspendait à un
arbre. Ceci équivalait à l'imprécation vouant
le coupable à être dévoré par un requin, lors de

---

1. G. Turner, *Samoa* (Londres, 1884), pp. 183-184.

sa prochaine pêche. — 3°. Le *tabou du bâton en croix*. Il consistait en une baguette suspendue horizontalement en travers de l'arbre, et symbolisant le vœu que tout maraudeur fût affligé d'une plaie qui lui traversât la poitrine jusqu'à ce qu'il en mourût. — 4°. Le *tabou de l'ulcère*. Il s'obtenait en enfouissant quelques peignes (coquillages) ; on fichait à cet endroit plusieurs roseaux dont les sommets étaient réunis en boule simulant une tête humaine. Le propriétaire manifestait ainsi son désir de voir le voleur couvert d'ulcères des pieds à la tête. S'il arrivait que le coupable souffrît ultérieurement de douleurs aiguës ou d'enflures, il avouait sa faute, et envoyait un cadeau au propriétaire qui lui faisait parvenir en retour une herbe tenant à la fois lieu de baume et de gage de pardon. — 5°. Le *tabou du tonnerre*. On tressait des feuilles de cocotier en forme de petit paillasson carré que l'on suspendait à un arbre, en y ajoutant quelques banderoles d'étoffe blanche. Le voleur croyait que, pour avoir touché à cet arbre défendu, lui ou ses enfants seraient frappés de la foudre ; ou bien qu'un éclair anéantirait ses propres arbres. « Ces quelques exemples, conclut le Dr Turner, témoignent que Samoa n'était pas étrangère à la superstition singuliè-

rement répandue du tabou ; et l'on peut aisément s'imaginer à quel point cette institution a
contribué à maintenir l'honnêteté et l'ordre
chez un peuple de païens[1]. »

A Tonga, tout individu coupable de vol, ou
d'un crime quelconque, passait pour avoir violé
le tabou ; et comme l'on croyait ces individus
plus particulièrement exposés à la morsure des
requins, on obligeait tous ceux sur qui pesaient
les soupçons à entrer dans des eaux hantées par
ces monstres ; s'ils étaient mordus ou dévorés,
c'est qu'ils étaient coupables ; s'ils échappaient,
ils étaient innocents[2].

En Mélanésie également, existe un système
de tabou (tambu, tapu). C'est une « prohibition,
avec malédiction expresse ou implicite », et
empruntant sa sanction à la croyance que le
chef ou toute autre personne qui impose un
tabou, a l'appui d'un esprit ou d'un fantôme
puissant (tindalo). Quand un homme du commun s'avisait de « tabouer » quoi que ce soit, les
autres étaient sur le qui-vive pour voir si
quelque transgresseur tomberait malade ; quand
le fait se produisait, c'était la preuve que celui qui

1. G. Turner, *Samoa*, pp. 185-188.
2. W. Mariner, *An account of the Natives of the Tonga Islands*,
2ᵉ édit. (Londres, 1818), II, 221.

avait imposé le tabou était soutenu par un esprit
puissant ; et sa réputation s'en trouvait aussitôt
accrue. Chaque esprit affectionnait une espèce
de feuille particulière qui était le signe distinctif
de son tabou[1]. Dans les plantations de la Nouvelle-Bretagne, on protège les cocotiers et autres possessions contre les voleurs en y atta-
chant des marques de tabou, et l'on croit que
quiconque viole le tabou sera frappé d'une maladie ou de quelque autre calamité. La nature
du mal ou de la calamité varie selon celle de la
marque ou de l'objet magique qui concrétise la
vertu mystique du tabou. Telle plante, employée
à cet effet, causera un violent mal de tête au
voleur ; telle autre lui fera enfler les cuisses ;
une troisième lui brisera les jambes, et ainsi de
suite. Le seul fait de murmurer un sort sur une
palissade suffit, croit-on, à obtenir que quiconque en distraira un pieu sentira sa tête enfler
aussitôt[2]. A Fidji, le système du tabou a été
le secret du pouvoir et la force du gouvernement
despotique. Il était étonnamment diffus, affectant
les petites choses comme les grandes. On le

1. R. H. Codrington, *The Melanesians* (Oxford, 1891), pp. 215
sq.
2. R. Parkinson, *Im Bismarck-Archipel* (Leipzig, 1887), p. 144 ;
id., *Dreissig Jahre in der Südsee* (Stuttgard, 1907), pp. 193 *sq*.

voyait tantôt s'appliquer à une couvée de pous-
sins, tantôt diriger les énergies d'un royaume.
Les chefs appréciaient fort cet usage, qu'ils
accommodaient de façon à ce qu'il leur fût léger,
tout en étant onéreux à autrui. Grâce à lui, ils
gagnaient de l'influence, satisfaisaient leurs
besoins, et commandaient leurs inférieurs
à leur fantaisie. En imposant un tabou, un
chef n'avait de frein que sa considération pour
quelque ancien précédent. Les gens du commun
essayaient par ce moyen de sauvegarder leurs
plants d'igname ou de bananiers en les entou-
rant d'une clôture sacrée [1].

Un système de tabou basé sur la superstition
règne également dans toutes les îles de l'archipel
Malais, où le tabou porte en général les noms
de *pamali*, *pomali* ou *pemali*, bien qu'en certains endroits ceux de *poso*, *potu*, ou *boboso*
servent à exprimer la même idée [2]. Cette superstition du tabou est un puissant auxiliaire dans
cette vaste région pour faire respecter les droits
de la propriété privée.

1. Th. Williams, *Fiji and the Fijians,* 2ᵉ édit. (Londres, 1860),
I, 234.

2. G. A. Wilken, *Handleidnig voor de vergelijkende Volkenkunde
van Nederlandsch Indie* (Leyde, 1893), pp. 596-603 : G. W. W. C.
Baron van Hœvell, *Ambon en meer bepaaldelijk de Oeliasers* (Dor-
drecht, 1875), pp. 148-152.

Ainsi, dans l'île de Timor « prévaut un usage
appelé *pomali*, qui équivaut exactement au tabou
des insulaires du Pacifique, et est également res-
pecté. On y a recours dans les moindres occasions ; quelques feuilles de palmier placées à
l'entrée d'un jardin, en signe de *pomali*, en pro-
tègeront les produits contre les voleurs aussi
efficacement que les avis comminatoires de
pièges, de fusils automatiques, ou de chiens
dangereux, le font dans nos pays »[1]. A Amboïna
le tabou est appelé *pamali*. Quiconque veut protéger son verger ou d'autres biens peut le faire
de plusieurs façons. Par exemple, on peut tracer
une croix blanche sur un pot et suspendre
celui-ci à un arbre ; celui qui dérobera des fruits
sera atteint de la lèpre. Ou encore, on peut
placer sous l'arbre un simulacre de souris, et le
voleur aura le nez et les oreilles comme rongés
par une souris. On peut encore tresser des
feuilles sèches de sagoutiers en deux disques et
les attacher à l'arbre ; et le malfaiteur enflera si
bien qu'il éclatera[2]. A Céram, les moyens employés pour protéger la propriété sont à peu près

1. A. R. Wallace, *The Malay Archipelago*, 6ᵉ édit. (Londres,
1877), p. 196.

2. J. G. F. Riedel, *De Sluik en kroesharige rassen tusschen
Selebes en Papua* (La Haye, 1886), pp. 61 sq.

semblables. Par exemple, on suspend une tête de porc dans les branches d'un arbre fruitier, après quoi, l'individu qui aura l'audace d'arracher des fruits sera mis en pièces par un sanglier. L'effigie d'un crocodile avec un fil de coton rouge passé autour du cou sera tout aussi efficace ; le voleur sera la proie d'un crocodile ; un serpent de bois fait que le coupable sera piqué par un serpent. L'image d'un chat au cou orné d'un ruban rouge inflige à qui se sera approché de l'arbre avec de mauvaises intentions des maux d'estomac atroces, comme si un chat lui griffait les entrailles [1]. L'image d'une hirondelle fera souffrir le voleur comme si une hirondelle lui crevait les yeux à coups de bec ; une branche de bois épineux et une pierre poreuse rougeâtre tortureront de douleurs lancinantes le coupable dont le corps se couvrira de rougeurs et de nombreux petits trous ; un tison éteint déterminera un incendie dans sa maison, sans aucune raison apparente ; et ainsi de suite [2]. De même, dans les îles de Céram Laut, on protège les cocotiers

---

1. J.-G.-F. Riedel, *op. cit.*, p. 114 *sq.*

2. Van Schmidt, « Aanteekeningen nopens de zeden, gewoonten en gebruiken, benevens de vooroordeelen en bijgeloovigheden der bevolking van de eilanden Saparoea, Haroekoe, Noessa Laut, en van een gedeelte van de zuidkust van Ceram, in vroegeren en lateren tijd, » *Tijdschrift voor Neêrlands Indie*, v. Tweede deel (Batavia, 1843), pp. 499-502.

et les sagoutiers en déposant à leur pied des
objets ensorcelés. Par exemple, un indigène pla-
cera l'image d'un poisson sous ses cocotiers, en
disant : « Grand-père poisson, fais en sorte que
celui qui volera mes noix de coco soit pris de
nausées et vomisse. » A la suite de quoi, le voleur
éprouve des maux d'estomac, et ne peut en être
soulagé que si le propriétaire dont il a pillé les
cocotiers crache sur les parties endolories du
coupable un peu d'huile de bétel, et lui souffle
dans l'oreille, en disant : « Grand-père poisson,
retournez à la mer. Il y a là assez de place pour
vous, et de grands rochers de corail autour des-
quels vous pouvez nager. » Ou encore, il fabrique
un cercueil en miniature, et le place sous l'arbre
pillé ; le voleur souffrira alors d'oppression, il
éprouve une sensation d'étouffement comme s'il
était véritablement enfermé dans un cercueil. Et il
existe dans ces îles bien d'autres procédés par lesquels le propriétaire d'un verger met ses fruits à
l'abri des déprédations de voisins peu scrupuleux.
Dans chacun de ces cas, il dépose au pied, ou
fixe au tronc de l'arbre un objet ensorcelé, qu'il
considère comme doué de vertus magiques et dont
il invoque l'assistance pour défendre ses biens [1].

1. J.-G.-F. Riedel, *op. cit.*, 167 *sq.*

Les Toradjas de langue Bare'e du centre de
l'île Célèbes, protègent leurs arbres fruitiers,
en particulier les *sirihs* et les cocotiers, au
moyen d'amulettes et de charmes variés qu'ils
attachent aux arbres. Ces charmes consistent
en feuilles de certaines plantes, ou en certaines parties d'un animal enveloppées de ces
feuilles.

Avant de fixer à l'arbre une de ces amulettes,
le propriétaire dit ces mots : « O, charme
(*ooroo*) ! si quelqu'un veut prendre de ces fruits,
rends-le malade. » Et l'on croit d'une manière
générale qu'une maladie affligera le voleur qui
passera outre et enlèvera les fruits. La nature de
la maladie ou de toute autre calamité qui frappera
le délinquant varie avec la nature du charme.
Les qualités de l'objet attaché à l'arbre sont
censées pénétrer dans le corps du coupable et
l'affecter en conséquence. Par exemple, si le
charme consiste en une certaine herbe à bords
tranchants, le coupable éprouvera dans le corps
des douleurs aiguës ; si c'est un fragment de
fourmilière, il sera frappé de la lèpre ; si c'est
une certaine plante dont les fruits se détachent
facilement, ses dents tomberont ; si c'est un
arbuste dont les feuilles causent des démangeai-
sons, le corps lui démangera tout entier ; si c'est

de la *dracæna terminalis*[1], il se fera tuer à la guerre; et ainsi de suite. Il existe une grande variété de ces amulettes protectrices des vergers; chacun a la sienne, en laquelle il met sa confiance. Mais bien que les Toradjas croient que la maladie ou une calamité quelconque suit automatiquement la violation de ces tabous, ils prétendent néanmoins connaître le moyen d'échapper à la vertu et à la vigilance de ces charmes, et de manger impunément du fruit défendu. Voici l'un des expédients adoptés à cet effet. On prend une poignée de terre, que l'on projette contre l'arbre; puis avec une hachette, on détache une lamelle du tronc, et, s'adressant au charme protecteur, on prononce ces mots : « Rends d'abord la terre malade, puis la hachette, puis moi. » Après quoi, on n'a presque plus rien à redouter de l'amulette, et l'on peut voler le fruit et le déguster à loisir. Mais ce n'est pas tout. Certains voleurs astucieux savent non seulement neutraliser les effets du charme, et le rendre inoffensif à eux-mêmes; ils vont jusqu'à en invertir l'activité et à la diriger contre le propriétaire de l'arbre en personne! Ce pouvoir est si bien

1. Espèce de *dragonnier*, aux feuilles d'un rouge pourpre. (Trad.)

reconnu que plus d'un Toradja avisé se refuse
à protéger ses arbres au moyen d'amulettes,
de crainte en ce faisant, de fournir tout bonnement à ses ennemis des armes contre lui-même.
L'une des façons dont un rusé malfaiteur pourra
déjouer les fins de la justice, consiste à s'approcher hardiment de l'arbre qu'il veut piller,
à en arracher le charme, et à l'aller pendre ailleurs. Après quoi, il pose à terre une planche
dont une extrémité touche le tronc de l'arbre ;
il va jusqu'à l'arbre sur cette planche et
s'approprie froidement les fruits. Naturellement, pendant tout ce temps le charme n'étant
plus sur l'arbre, demeure inefficace ! Le fruit
une fois enlevé, le coquin remet le charme à
sa place, et retire la planche. Et le charme protecteur est une fois de plus impuissant ; il ne
peut poursuivre le voleur, car celui-ci a emporté
la planche, lui coupant ainsi toute issue possible
hors de l'arbre. De la sorte, le fidèle gardien
se trouve, pour ainsi dire, emprisonné dans la
forteresse qu'il avait reçu mission de défendre ;
il s'agite et s'irrite d'être ainsi confiné ; et, dans
son aveuglement, s'en prendra au propriétaire
de l'arbre lui-même la prochaine fois que celui-
ci viendra inspecter son bien. C'est là peut-être
la manière la plus simple et la plus pratique de

prendre le fermier à son propre piège. Il existe
toutefois d'autres façons d'opérer. L'une consiste
à grimper dans l'arbre, à se laisser pendre à une
branche par les pieds et la tête en bas, et à
mâcher une racine d'ortie dans cette position.
Cela détermine la mort du propriétaire qui est,
soit dévoré par un crocodile, soit tué au combat.
Un sortilège très populaire parmi les Toradjas
des montagnes du centre de Célèbes, consiste
à prendre une tête ou une patte d'iguane et à la
suspendre à l'arbre à protéger. La tête mord la
tête du voleur, et la patte le saisit par la jambe,
si bien qu'il éprouve des douleurs atroces dans
ces parties du corps. Mais si l'on expose la
carcasse de l'animal tout entière, le voleur est
un homme mort![1].

Il existe à Madagascar un système compliqué
de tabou connu sous le nom de *fady*[2]. M. A. Van
Gennep l'a soigneusement étudié dans une
savante monographie[3] où il soutient qu'à l'origine toute propriété reposait sur la religion et

---

1. N. Adriani en Alb.-C. Kruijt, *De Bare'e-sprekende Toradja's
van Midden Celebes*, I (Batavia, 1912), pp. 399-401.

2. H. F. Standing, « Malagasy *fady* », *The Antananarivo Annual
and Madagascar Magazine*, vol. II (Antananarivo, 1896), pp. 252-
265.

3. A. Van Gennep, *Tabou et Totémisme à Madagascar* (Paris,
1904).

que les signes de la propriété étaient des signes
de tabou[1]. Néanmoins, autant que les exemples
nous permettent d'en juger, il ne semble pas que
les Malgaches aient fait de ce système un aussi
large usage que les habitants de la Polynésie, de
la Mélanésie, et de l'Insulinde. On nous parle
cependant de charmes malgaches placés dans
les champs pour affliger de la lèpre ou d'une
autre maladie quiconque oserait y commettre
des larcins[2]. Et nous savons que plusieurs exemples de *fady* ou tabou « paraissent impliquer
une base curieuse du code moral en ce qui concerne les droits de la propriété, dans la dernière génération malgache. Le vol en général ne
paraît point avoir été *fady*, mais le vol de certains objets spécifiés entraînait diverses pénalités. Ainsi, voler un œuf rendait le coupable
lépreux ; voler du *landy* (soie indigène) détermi-
nait la cécité ou quelque autre infirmité ; voler
du fer engendrait également une affliction corporelle.[3] » Pour rentrer en possession d'un objet
volé, les Malgaches avaient recours à une divinité nommée Ramanandroany. La victime du

1. A. Van Gennep, *op. cit.*, pp. 183 *sqq.*
2. A. Van Gennep, *op. cit.*, p. 184. Le chapitre xi (pp. 183-
193) est consacré aux tabous de la propriété.
3. H.-F. Standing, *op. cit.*, p. 256.

vol prenait un fragment de la chose dérobée, et l'apportait à l'idole, en disant : « Quiconque a volé notre bien, O Ramanandroany, fais-le périr le jour, détruis-le la nuit, et étrangle-le ; qu'il n'ait point son pareil parmi les hommes ; empêche-le d'accroître ses richesses, même d'un liard ; mais qu'il gagne son pain comme une poule picore des grains de riz ; que ses yeux s'éteignent et que ses genoux enflent, O Ramanandroany ! »[1] Ces malédictions étaient supposées atteindre le voleur.

Des méthodes analogues pour faire respecter les droits de la propriété privée avec l'aide des craintes superstitieuses ont été adoptées dans plusieurs autres parties du monde. Ce sujet a été abondamment illustré par Edward Westermarck dans son ouvrage fort documenté sur l'origine et le développement des idées morales[2]. Je ne puis en citer ici que quelques exemples parmi bien d'autres.

1. W. Ellis, *History of Madagascar* (Londres, préface datée de 1838), I, 414.

2. E. Westermarck, *The Origin and Development of Moral Ideas* (Londres, 1908), II, pp. 59-69. Dans un article sur le Tabou publié il y a longtemps déjà (*Encyclopaedia Britannica*, 1888), pp. 15 *sq.*, je signalais brièvement le rôle joué par le tabou dans l'évolution du droit et de la morale. Je prends la liberté de citer un passage de cet article : « Il faut rechercher le caractère primitif du tabou, non dans son élément civil, mais dans son élément religieux ; il n'a pas été la création d'un législateur, mais le pro-

Les Kouis du Laos, sur les confins du Siam, sauvegardent leurs plantations d'une façon très simple. Ils placent un « tubercule tremblant » (*prateal anchot*) sur la terre à protéger; et si un voleur s'avise dans la suite de porter la main sur la récolte, il est immédiatement saisi de frissons comme un chien mouillé, et ne peut faire un pas pour se sauver. On dit qu'un pêcheur de Sangkeah s'est servi de ce charme avec d'excellents résultats. Il trouvait chaque matin sa nasse vide, lorsqu'un beau jour il eut l'heureuse idée de la protéger au moyen d'un « tubercule tremblant ». L'effet fut magique. Le voleur plongea comme d'habitude dans la rivière et en remonta le filet plein de poissons. Mais à peine

duit graduel de croyances animistes, auxquelles l'ambition et la cupidité des chefs et des prêtres donnèrent plus tard une extension artificielle. Mais en servant la cause de l'avarice et de l'ambition il a servi aussi les progrès de la civilisation, en donnant naissance à certaines conceptions des droits de la propriété et de la sainteté des liens conjugaux — conceptions qui, au bout d'un certain temps, devinrent assez solides pour se soutenir seules et rejeter la béquille de la superstition qui avait été au début leur unique appui. Nous ne nous tromperons guère en admettant que, même dans les sociétés avancées, les sentiments moraux, en tant qu'ils restent simplement des sentiments et ne sont pas basés sur une induction de l'expérience, empruntent beaucoup de leur force à un système primitif de tabou. Ainsi les fruits d'or de la morale et du droit se greffaient sur le tabou, tandis que la tige-mère se transformait lentement en âcres sauvageons, et devenait l'écorce vide de la superstition populaire dont les pourceaux de la société moderne se contentent encore comme nourriture.

eut-il mis le pied sur la rive qu'il commença à frissonner et à trembler, tandis que le filet ruisselant avec son contenu argenté et frétillant lui collait à la poitrine. Deux jours plus tard, le propriétaire, en faisant sa ronde, trouva le voleur au même endroit, continuant de frissonner et de claquer des dents de plus belle ; mais, comme de juste, les poissons dans le filet étaient morts et pourris [1]. Chez les Kaouars, tribu montagnarde primitive des provinces du centre de l'Inde, « l'épée, la carabine, la hache, la lance, ont chacune leur déité particulière et, en fait, dans le Bangaouan, partie qu'habitent les Kaouars les plus sauvages, on croit que le moindre ustensile de ménage abrite un esprit et que, si quelqu'un le vole ou l'endommage à l'insu du propriétaire, l'esprit lui infligera quelque calamité en revanche. Le vol est, paraît-il, inconnu parmi eux, en partie pour cette raison, en partie peut-être aussi parce que personne n'a rien qui vaille la peine d'être volé » [2].

A Ceylan, afin de protéger ses arbres fruitiers de l'approche des voleurs, on suspend autour du verger certaines images grotesques que l'on

1. E. Aymonier, *Notes sur le Laos* (Saïgon, 1885), p. 233.
2. *Central Provinces, Ethnographic Survey*, VII, *Draft Articles on Forest Tribes*, 3ᵉ série (Allahabad, 1911), p. 45.

voue aux démons ; si bien qu'aucun indigène
n'ose toucher un seul fruit, et que le propriétaire
lui-même ne se risque pas à les cueillir avant
qu'un prêtre les ait exorcisés ; celui-ci reçoit
pour sa peine, cela va sans dire, quelques-uns de
ces mêmes fruits [1]. Les Indiens de Cumana, dans
l'Amérique du Sud, entouraient leurs plantations d'un simple fil de coton ; et cela suffisait
à les sauvegarder, car l'on croyait que tout malfaiteur mourrait aussitôt. Les Djouris du Brésil
adoptent ce même procédé élémentaire pour bou-
cher les interstices de leur clôture [2].

Les Annamites de l'intérieur du Tonkin croient
que les âmes des petites filles enterrées en un
coin de la demeure font l'office d'une police vigi-
lante ; si des voleurs se sont introduits dans la
maison et s'apprêtent à la quitter nantis de leur
butin, ils entendent une voix spectrale énu-
mérer les objets sur lesquels ils ont fait main
basse et, frappés de panique, ils les laissent
tomber et s'enfuient [3]. Mais s'il arrive, malgré
tout, qu'un Annamite soit victime d'un larcin,
il peut facilement rentrer en possession des

1. R. Percival, *Account of the Island of Ceylon* (Londres, 1803),
p. 198.

2. C.-F.-Ch. v. Martius, *Zur Ethnographie Amerikas, zumal
Brasiliens* (Leipzig, 1867), p. 86.

3. P. Giran, *Magie et Religion Annamites* (Paris, 1912), p. 186.

objets dérobés, de la manière suivante. D'une
motte de terre prélevée sur le sol de la cuisine,
à quoi il ajoute une pincée de vermillon, un
blanc d'œuf et un peu d'alcool, il confectionne
une boule qui simule la tête du voleur. Il la
met sur le feu, dans l'âtre, et, après avoir allumé
quelques bâtons d'encens, il prononce l'incan-
tation suivante : « Tel jour, de tel mois, de
telle année, un tel a été dépouillé de tels et tels
objets. Le nom du voleur est inconnu. Je prie
l'âme gardienne de la cuisine de tenir la tête du
coquin sur le feu pour l'y faire brûler. » Après
quoi, si le voleur ne restitue pas les objets du
larcin dans l'espace d'un mois, c'est un homme
mort ! [1]

De même à Nias, île située à l'est de Sumatra,
quand on ne peut retrouver un voleur, on le
maudit, et pour donner à cette malédiction plus
de poids, on brûle un chien tout vif. Tandis
que l'animal expire dans les souffrances, la victime du vol formule le souhait que son voleur
périsse d'aussi atroce façon, et l'on dit que les
voleurs fréquemment maudits meurent en poussant des cris [2]. Les Dayaks de la côte de Bornéo

1. P. Giran, op. cit., pp. 190 sq.
2. H. Sundermann, *Die Insel Nias und die Mission daselbst*
(Barmen, 1905), p. 34.

font usage de malédictions dans des occasions
semblables, et avec un résultat excellent. Un
missionnaire nous apporte sur ce point le témoignage suivant : « Durant un séjour de près de
vingt ans dans l'île de Bornéo, pendant lequel
je suis entré en contact avec des milliers de gens,
je n'ai jamais connu que deux exemples de vols
parmi les Dayaks. Le premier était un vol de riz.
La femme qui l'avait perdu maudit fort solennellement et en public son voleur, quel qu'il fût.
Le lendemain soir, le riz se trouvait secrètement
déposé à sa porte. Le second était un vol d'ar-
gent. Dans ce cas également, on maudit le voleur.
La majeure partie de la somme se trouva resti-
tuée un peu plus tard dans la boîte d'où on
l'avait soustraite. Ces deux incidents montrent
la crainte profonde qu'inspire aux Dayaks toute
malédiction. Même imméritée, elle est regardée
comme une chose terrible et, selon la loi dayak,
maudire quelqu'un sans aucune raison est un
délit passible d'amende.

« Une malédiction dayak est chose terrible à
entendre. Je n'en ai été témoin qu'une seule fois,
et je sais bien que je ne tiens pas à recommencer.
Je voyageais dans le district des Saribas, où un
grand nombre de Dayaks venaient, à l'époque,
de s'adonner à la culture du café; plusieurs

d'entre eux venaient même de se lancer dans
la culture de ce produit sur une petite échelle.
Une femme me raconta qu'on lui avait, à
diverses reprises, volé des grains de café mûrs
de sa plantation. Non seulement on avait volé
les grains mûrs, mais le voleur avait sans scru-
pule arraché un grand nombre de grains verts
qu'il avait jetés à terre, et un grand nombre de
branches avaient été brisées. Dans la soirée,
comme j'étais installé dans la salle commune
de la maison, entouré d'un grand nombre de
Dayaks, hommes et femmes, la conversation
tomba sur la culture du café. La femme était
présente, elle nous conta ses ennuis et comment son café lui avait été pris par un voleur
qui, selon elle, devait être l'un des habitants de
la maison. Puis elle maudit solennellement le
voleur. Elle commença d'une voix calme, mais
s'anima bientôt jusqu'au délire. Nous l'écoutions
tous, frappés d'horreur, et nul ne l'interrom-
pit. Elle relata tout d'abord ce qui était arrivé,
expliquant que ces larcins s'étaient succédé
depuis quelque temps. Elle n'avait rien dit jusqu'alors, dans l'espoir que son voleur viendrait
à résipiscence ; mais la chose avait assez duré,
et elle allait maudire le voleur, puisque rien
d'autre, elle en avait la certitude, ne pouvait

lui faire abandonner ses mauvais procédés.

« Elle adjura tous les esprits des eaux, des montagnes, et des airs, de prêter l'oreille à ses paroles et de lui venir en aide. Elle commença sur un ton tranquille, mais s'excita de plus en plus à mesure qu'elle parlait. Elle tint à peu près ce langage :

« Si le voleur est un homme, qu'il échoue dans toutes ses entreprises ! Puisse-t-il souffrir d'un mal qui ne le tue pas, mais le rende impotent, le torture sans répit, et le mette à charge à autrui. Que sa femme lui soit infidèle, et que ses enfants deviennent aussi paresseux et malhonnêtes que lui-même. S'il va à la guerre, qu'il s'y fasse tuer, et que sa tête soit fumée sur le foyer de l'ennemi. S'il monte en bateau, que son canot chavire et qu'il se noie. S'il part à la pêche, qu'un alligator le tue à l'improviste, et que ses parents ne retrouvent jamais son corps. S'il abat un arbre dans la jungle, que cet arbre tombe sur lui et l'écrase. Que les dieux maudissent sa ferme pour qu'il ne récolte point de moisson et n'ait rien à manger, et s'il mendie son pain, que tous lui refusent, et qu'il meure d'inanition !

« Si le voleur est une femme, qu'elle reste stérile, ou si elle se trouve enceinte, puissent

ses espoirs être déçus, et son enfant mort-né;
ou mieux encore, qu'elle meure en couches! Que
son mari lui soit infidèle, et la méprise, et la
maltraite. Que ses enfants l'abandonnent tous,
si elle vit assez pour devenir vieille. Qu'elle
souffre des maladies spéciales aux femmes, et
que sa vue baisse avec les années, et qu'il ne
se trouve personne pour lui venir en aide, ou la
conduire quand elle sera aveugle! »

« Je n'ai donné que la substance de ses discours ; mais je n'oublierai jamais le silence et le
visage terrifié de ses auditeurs. Je quittai la
maison, le lendemain de bonne heure ; aussi
ignoré-je le résultat de cette malédiction et si le
voleur avoua ou non. »[1]

Il semble que les anciens Grecs aient fait un
abondant usage de malédictions, comme de
moyens efficaces et peu coûteux de protéger la
propriété ; ce qui dispense la partie lésée de
recourir à des formalités légales ennuyeuses,
onéreuses, et trop souvent sans résultat. Ces
malédictions s'inscrivaient sur des tablettes de
plomb ou d'un autre métal que l'on déposait à
l'endroit à protéger des déprédations, ou dans le
temple du dieu à la merci duquel le criminel

1. Edwin H. Gomes, *Seventeen Years among the Sea Dyaks of
Borneo* (Londres, 1911), pp. 64-66.

était livré. Par exemple, dans une enceinte
sacrée de Cnide dédiée à Déméter, Perséphone,
Pluton, et autres déités d'un caractère sévère
et inflexible, on a trouvé un certain nombre
de tablettes de plomb où étaient gravées des
malédictions vouant les malfaiteurs de divers
ordres à la vengeance des deux déesses infer-
nales, Déméter et sa fille. « Puisse-t-il (ou elle),
ne jamais trouver Perséphone favorable ! » est
le constant refrain de ces adjurations ; et dans
quelques-unes le pécheur n'est pas seulement
excommunié ici-bas, il est encore condamné aux
tortures éternelles dans le monde futur. Souvent
c'étaient des femmes qui lançaient ces imprécations. Une dame irritée voue à la perdition le
voleur qui s'est emparé de son bracelet ; ou le
maladroit qui a manqué à lui renvoyer ses vêtements de dessous[1]. Une autre malédiction,
gravée sur une plaque de marbre trouvée à
Smyrne, exprime le vœu que quiconque volera
l'un des vases sacrés d'une certaine déesse, ou
blessera ses poissons sacrés, soit voué à une
mort douloureuse, et dévoré par les poissons[2].

1. Ch. Th. Newton, *Essays on Art and Archeology* (Londres,
1880), pp. 193 *sq*.

2. G. Dittenberger, *Sylloge Inscriptionum Graecarum* (Leipzig,
1898-1901), vol. II, p. 284, *sq*. ; nº 584 ; Ch. Michel, *Recueil d'Ins-
criptions grecques* (Bruxelles, 1900), p. 624 ; nº 728. La déesse

Parfois, apparemment, ces imprécations grecques étaient aussi efficaces pour ramener au
bien les délinquants que le sont de nos jours les
malédictions des Dayaks. Ainsi l'on sait qu'il
existait une curieuse dédicace à une déité
lunaire de l'Asie Mineure, nommée Men Aziot-
tenos ; elle nous apprend qu'un certain Arte-
midore, se voyant insulter par un couple de
malappris, les maudit par une tablette votive ;
l'un des coupables, ayant été puni par le dieu,
fit une offrande propitiatoire et amenda sa conduite [1]. Pour empêcher les gens d'empiéter sur
le champ de leur voisin en déplaçant les bornes
des terrains, les Grecs placèrent leurs termes
sous la protection spéciale du grand dieu Zeus [2] ;
et Platon insiste avec onction sur le double châtiment, humain et divin, auquel s'exposait le
délinquant qui avait eu l'audace de toucher à
ces pierres sacrées [3]. Les Romains allèrent plus
loin encore, car ils créèrent un dieu avec la seule
mission de surveiller les bornes, et il dut avoir

était probablement la Syrienne Atargatis ou Derceto, à qui les
poissons étaient consacrés (Xénophon, *Anabase*, I, 4, 9). Pour
d'autres exemples de ces imprécations, cf. Ch. Michel, *op. cit.*,
pp. 877-880, n° 1318-1329. Cp. W.-H. D. Rouse, *Greek Votive
Offerings* (Cambridge, 1902), pp. 337 *sq.*

1. C. T. Newton, *Essays on Art and Archeology*, p. 195.
2. Démosthène, *De Halonneso*, 40.
3. Platon, *Lois*, VIII, 9, pp. 842 *sq.*

fort à faire, s'il exécutait toutes les malédictions
qu'on lançait non seulement contre tous ceux qui
empiétaient sur le champ de leur voisin, mais
encore contre les bœufs employés à labourer la
terre usurpée[1]. Le code hébraïque du Deutéronome énonçait une malédiction solennelle contre
ceux qui déplaçaient les bornes de leurs voisins[2] ; et certains rois babyloniens s'épuisèrent
l'imagination à déverser un torrent d'imprécations contre le réprouvé qui réduisait ainsi à
néant les droits de la propriété foncière[3]. Le roi
Nabuchodonosor en particulier, avant d'être mis
au vert, paraît s'être distingué par la richesse et
la variété de ses exécrations, s'il est permis d'en
juger par un spécimen qui nous a été transmis.
Un court extrait de ce chef-d'œuvre pourra
illustrer le style de son éloquence commina-
toire. Parlant de l'audacieux délinquant, « fût-il
berger ou gouverneur, agent ou régent, recruteur
ou magistrat », quel que soit celui qui « de tous

1. Festus, s. v. « Termino », p. 368 ; édit. C.-O. Müller (Leipzig,
1839). Varron, De Lingua Latina. V, 74 ; Denis d'Halicarnasse,
Antiquitates Romanœ, II, 74. Sur Terme, dieu romain des limites,
et les fêtes annuelles des Terminalia, voir L. Preller, Römische
Mythologie (Berlin, 1881-1883), I. 254 sq. ; G. Wissowa. Religion und Kultus der Römer (Münich, 1912,) pp. 136 sq.

2. Deutéronome, XXVIII, 17.

3. C. H. W. Johns, Babylonian and Assyrian Laws, Contracts
and Letters (Edimbourg, 1904), p. 191.

les jours futurs, dans l'avenir des habitations humaines » aurait l'audace de toucher au terrain que Sa Majesté vient de limiter, il exprime ce souhait : « Ninib, seigneur des frontières et des bornes, arrache la borne de son champ ! Gula, puissante dame, mets dans son corps une maladie de langueur, afin qu'il rejette comme de l'eau un sang rouge foncé ou rouge clair ! Ishtar, déesse des campagnes, dont la furie est une inondation, crée-lui des difficultés, afin qu'il n'échappe pas au malheur ! Nusku, puissant seigneur, brûleur redoutable, dieu qui m'as créé, sois son mauvais génie, brûle sa racine ! Quiconque déplace cette pierre, la cache dans le sable, la brûle par le feu, la jette dans l'eau, l'enferme en un lieu clos, la fait prendre par un fou, un sourd, un idiot, la place en un endroit invisible, que les dieux puissants, dont les noms sont mentionnés sur cette pierre, le maudissent d'une malédiction cruelle, qu'ils arrachent ses fondations et détruisent sa semence [1] ! »

En Afrique également la superstition est un puissant auxiliaire des droits de la propriété privée. Ainsi, les Balondas placent leurs ruches au sommet des arbres de la forêt et les défen-

1. R. W. Rogers, *Cuneiform Parallels to the Old Testament* (Oxford. préface datée de 1911), pp. 390-392.

dent des voleurs en fixant au tronc un charme
ou un « morceau de drogue » quelconque. Et
cela constitue une protection suffisante. « Les
indigènes, dit Livingstone, se volent rarement
entre eux, car ils croient tous que certaines
drogues peuvent déterminer des maladies ou
la mort; bien qu'ils ne croient ces médica-
tions connues que d'un petit nombre, ils agissent d'après ce principe qu'il vaut mieux laisser
tout le monde tranquille. L'obscurité de ces forêts africaines renforce les sentiments superstitieux des gens. Dans d'autres parages où l'on
n'est point soumis à cette influence, j'ai entendu les chefs faire publier que de véritables
drogues ensorcelées avaient été placées à l'entrée de certains jardins mis au pillage, les
voleurs s'étant risqués à subir les effets des
sortilèges ordinaires qui s'y trouvaient auparavant[1]. »

Les Ouanika de l'Afrique orientale « croient
à la vertu et à l'efficacité des charmes et des
amulettes, et ils en portent en grande variété;
bras, jambes, cou, ceinture, cheveux, et toutes
les parties du corps en sont chargées, soit pour
guérir soit pour prévenir les maladies; pour

1. David Livingstone, *Missionary Travels and Researches in
South Africa* (Londres, 1857), p. 285.

repousser ou pour expulser les mauvais esprits;
pour tenir à distance serpents, animaux sauvages, et toute autre calamité. Ils suspendent
des calebasses peintes au baobab de leur porte
pour éloigner les voleurs; des coquillages, des
poupées, des œufs où les *Ouana Chuoni* (fils du
livre) de la côte ont gravé des caractères arabes,
sont par eux placés autour de leurs plantations
et dans leurs vergers, et ils croient que la mort
frapperait tout voleur qui n'en tiendrait pas
compte. Un charme attaché à une patte de
poule constitue pour le village une ample protection. Il est hors de doute que, superstitieux
comme ils le sont, ces gens redoutent de courir
de grands risques pour obtenir un faible gain,
et ainsi ces charmes répondent à leur objet[1] ».
Parmi les Boloki du Congo supérieur, quand
une femme s'aperçoit du vol des racines de
cassave qu'elle garde à tremper dans une citerne,
elle prend un morceau de copal résineux, et, le
fixant dans l'interstice d'un bâton fendu, elle le
place auprès du bassin en même temps qu'elle
invoque une malédiction sur la tête du voleur. Si
c'est un homme, il n'aura désormais aucune
chance à la pêche. Si c'est une femme, elle ne

1. Charles New, *Life, Wanderings, and Labours in Eastern
Africa* (Londres, 1873), p. 106.

réussira plus dans ses entreprises agricoles [1]. Les
indigènes Ekoï du Nigeria méridional défendent
leurs fermes contre les voleurs, par des paquets
de palmes, auxquels ils donnent le nom de *okpata*.
Si quelqu'un se risque à voler dans une ferme
ainsi protégée, il tombera malade et ne guérira
point à moins d'exécuter une certaine danse,
qui porte également le nom d'*okpata* [2].

Dans les monts du Marrah, district du Darfour, maisons, biens, et bétail sont protégés par
certains esprits cruels et dangereux, du nom de
damzogs, que l'on peut acheter comme un chien.
Sous la garde d'un protecteur spirituel de cette
nature, moutons et vaches sont laissés en pleine
liberté ; car si quiconque avait la témérité
d'essayer de voler ou de tuer une de ces bêtes,
sa main, armée du couteau, resterait adhérente
à la gorge de l'animal, jusqu'à ce que le propriétaire vînt appréhender le coquin.

Un marchand arabe qui voyageait dans le
Darfour, reçut d'un ami la recette suivante
pour se pourvoir d'un de ces utiles gardiens.
« A l'époque où je débutais dans le négoce, mon

---

1. John H. Weeks, *Among Congo Cannibals* (Londres, 1913),
p. 310 *sq*.

2. P. Amaury Talbot, *In the Shadow of the Bush* (Londres,
1912), p. 296.

ami, j'entendais souvent dire que l'on pouvait
acheter et vendre des *damzogs*, et que, pour
m'en procurer un, il fallait m'adresser au possesseur d'un *damzog* et débattre le prix avec lui.
Quand le marché est conclu, il convient de
donner une grande gourde de lait au vendeur,
qui l'emporte chez lui, où sont ses *damzogs*. En
entrant, il les salue, puis va suspendre le vase
à un crochet, en disant : « Un de mes amis, Un
Tel, qui est très riche, a peur des voleurs et me
demande de lui fournir un gardien. L'un de
vous veut-il aller vivre dans sa maison, il y
trouvera du lait en abondance, car sa maison
est bénie et la preuve en est que je vous apporte
cette *kara* de lait. » Les *damzogs* refusent tout
d'abord de se rendre à l'invitation. « Non, non,
répondent-ils, aucun de nous ne veut y aller. »
Le maître de la hutte les conjure d'acquiescer à
ses désirs, en disant « Oh ! que celui qui veut
bien descende dans la *kara*. » Après cela, il se
retire quelques instants, et bientôt on entend
l'un des *damzogs* sauter dans le lait ; sur quoi
l'homme se hâte d'appliquer sur le vase un cou-
vercle en feuilles de dattier. Il décroche la *kara*
ainsi bouchée, et la transmet à l'acheteur, qui
l'emporte, la suspend à la paroi de sa hutte, et
la confie aux soins d'un esclave ou de sa femme,

qui vient chaque matin la prendre, en vide le
lait, la nettoie, la remplit, et finalement la rac-
croche. Désormais la maison est à l'abri de tout
vol et de toute perte. » — Le chérif Ahmed
Bedaoué qui renseigna ainsi le marchand avait
acheté lui-même un de ces esprits gardiens;
celui-ci se montra des plus vigilants et des plus
capables dans l'accomplissement de ses devoirs.
A dire vrai, son zèle était excessif, car non seulement il extermina plusieurs esclaves qui avaient
essayé de voler son maître, mais il exécuta sommairement le propre fils du chérif, alors que ce
peu scrupuleux jeune homme tentait de déva-
liser la boutique de son père. Cela parut exagéré
au chérif; il convi ☙ un groupe d'amis pour
l'aider à expulser l'implacable gardien. Ils vinrent, armés de fusils, et pourvus de munitions;
et, en balayant la boutique de décharges répétées
de mousqueterie, ils finirent par mettre l'esprit
en fuite [1].

Chez les Nandi de l'Afrique Orientale britannique, personne n'ose enlever quoi que ce
soit chez un forgeron; si cela arrivait, il ferait
chauffer sa forge et, en manœuvrant le soufflet

1. *Travels of an Arab Merchant* [*Mohammed Ibn-Omar El Tounsy*] *in Soudan* abrégé du français par Bayle Saint-John (Londres, 1854), pp. 69-73.

pour activer la flamme, il maudirait si bien le
voleur que celui-ci en mourrait. De même,
parmi ces tribus, où les potiers sont des femmes,
personne n'oserait prendre quoi que ce fût à
une femme-potier, car lors de la cuisson de ses
marchandises, elle maudirait le voleur, s'écriant :
« Éclate comme un pot, et que ta maison
devienne rouge ! » Et le voleur ainsi maudit
périrait[1]. Dans le Loango, quand un homme
est sur le point de s'absenter de chez lui pour
un assez long temps, il protège sa hutte en plaçant à l'entrée un fétiche ou un charme, consistant parfois en une simple branche d'arbre, avec
des pots brisés ou des détritus quelconques ; et
l'on nous affirme que le voleur le plus résolu
n'oserait franchir un seuil défendu par ces
signes mystérieux[2]. Sur la côte de Guinée, on
inaugure parfois des fétiches dans le dessein
de découvrir et de punir certaines catégories de
vols ; et non seulement le coupable, mais encore
toute personne ayant connaissance de son forfait
et ne le dénonçant pas, est passible d'une punition infligée par le fétiche. Quand un fétiche de

1. A. C. Hollis, *The Nandi, their Language and Folk-Lore*
(Oxford, 1909), pp. 36-37.
2. Proyart, « History of Loango, Kakongo, and other Kingdoms in Africa », dans J. Pinkerton, *Voyages and Travels*, XVI,
595 (Londres, 1808-1814).

cette espèce est institué, tôute la communauté en
est avertie, si bien que celui qui, dans la suite,
n'en tient pas compte, le fait à ses risques et
périls. Par exemple, on institua un fétiche pour
prévenir les vols de moutons, et les habitants
du village en furent informés, selon l'usage.
Peu de temps après, un esclave qui ignorait
cette loi vola un mouton et proposa à l'un de
ses amis d'en prendre sa part. Celui-ci avait
souvent partagé de semblables butins auparavant; mais la crainte que lui inspirait le fétiche
l'emporta; il livra le voleur qui fut traduit
en justice, et mourut peu après d'une pénible
maladie de langueur. Personne ne douta dans
le pays que ce fût le fétiche qui avait causé
sa fin[1]. Chez les tribus de langue Évé de la
Côte des Esclaves, dans l'Afrique Occidentale,
maisons et meubles sont protégés par des amulettes (*vô-sesao*) dont la vertu provient de ce
qu'elles appartiennent aux dieux, ou leur ont été
consacrées. Les moissons également qui s'étendent dans les clairières isolées des forêts, sont
placées sous la protection d'amulettes semblables; on les fixe en général à de longs bâtons,
fichés très en vue; de la sorte, les champs sont

1. Rev. J. Leighton Wilson, *Western Africa* (Londres, 1856),
p. 275 *sq*.

à l'abri de tout pillage. Le long des sentiers, on trouve aussi parfois des aliments et du vin de palmier, exposés là pour la vente, et uniquement protégés par un charme ; quelques *couris* (monnaie du pays) placés sur chaque article, en indiquent le prix. Aucun indigène n'oserait prendre une denrée ou du vin sans déposer le prix indiqué, car il redoute les maux inconnus que lui infligerait en châtiment le dieu possesseur de ce charme [1]. Dans la Sierra Leone, des fétiches appelés *grigris* sont souvent disposés dans les plantations pour empêcher les gens de les piller ; « quelques vieux chiffons placés sur un oranger sont généralement, mais pas toujours, des gardiens aussi efficaces que les dragons des Hespérides. Si un individu tombe malade, et que, même à plusieurs mois de distance, il se rappelle avoir volé des fruits ou autre chose, ou les avoir pris « en douceur », comme ils disent, l'individu en question s'imagine aussitôt être en proie à la *wangka*, et pour guérir, il lui faut aller ou dépêcher quelqu'un vers la personne qu'il a lésée pour lui accorder

---

1. A. B. Ellis, *The Ewe-speaking Peoples of the Slave Coast of West Africa* (Londres, 1890), pp. 91 *sq*. Comparer *id*., *The Yoruba-speaking Peoples of the Slave Coast of West Africa* (Londres, 1894), p. 118.

toutes les compensations qu'elle pourra exiger[1] ».

Des superstitions analogues ont été colportées par les nègres jusqu'aux Indes occidentales, où la magie se nomme *obi* et le magicien *obeah*. Là aussi, nous dit-on, les nègres les plus hardis « tremblent à la seule vue du ballot de chiffons, de la bouteille, ou des coquilles d'œufs fichés dans le chaume ou suspendus à la porte d'une hutte ; ou bien encore accrochés aux branches d'un bananier, pour faire hésiter les maraudeurs... Quand on a volé une poule ou un porc à un nègre, celui-ci s'adresse aussitôt à l'*obeah*, homme ou femme ; on fait alors savoir dans toute la tribu que l'*obi* menace le voleur ; dès que ce dernier apprend la funeste nouvelle, son imagination terrifiée se met à travailler, et nul recours ne lui reste, sinon l'habileté supérieure de quelque *obeah* plus éminent du voisinage, capable de faire échec aux sortilèges du premier ; mais si l'on n'a pu en trouver un d'un rang et d'un pouvoir plus élevés, ou si, malgré cet appui, le voleur se croit toujours poursuivi, il dépérit peu à peu, hanté sans répit par la terreur de calamités imminentes. La moindre douleur

1. Thomas Winterbottom, *An Account of the Native Africans in the Neighbourhood of Sierra Leone* (Londres, 1803), pp. 261 *sq.*

dans la tête, dans le ventre, ou ailleurs, toute
perte ou toute blessure accidentelles confirment
ses appréhensions, et il se croit la victime désignée d'une puissance invisible, mais inéluctable.
Le sommeil, l'appétit, la gaîté l'abandonnent ;
ses forces diminuent, son imagination troublée
est sans cesse obsédée, ses traits portent l'ombre
permanente de la dépression ; il se nourrit exclusivement d'ordures, ou de tout autre substance
malsaine, il contracte des affections morbides et
s'achemine peu à peu vers la tombe[1] ». La
superstition l'a tué.

On pourrait aisément multiplier de semblables
témoignages, mais les cas précédents suffisent à
prouver que chez de nombreux peuples, et en
de nombreuses parties du monde, la crainte
superstitieuse a agi comme un puissant motif
pour détourner les individus du vol. S'il en est
ainsi, on peut considérer comme démontrée ma
seconde proposition, à savoir : que, chez certaines
races et à certaines époques, la superstition a
affermi le respect de la propriété privée, contribuant ainsi à en assurer la jouissance.

---

1. Bryan Edwards, *History, Civil and Commercial, of the
British West Indies*, 5ᵉ édit. (Londres, 1819), II, 107-111.

CHAPITRE III

DU MARIAGE

J'aborde maintenant ma troisième proposition, à savoir : que, chez certaines races et à
certaines époques, la superstition a affermi le
respect du mariage, contribuant ainsi à l'observance plus stricte des règles de la moralité
sexuelle, à la fois parmi les gens mariés et
parmi les non-mariés. L'exactitude de cette
assertion ressortira, je l'espère, des exemples
suivants.

Chez les Karins de Birmanie « l'adultère ou
la fornication sont censés avoir une influence des
plus néfastes sur les récoltes. Il en résulte que, si
la récolte a été mauvaise dans un village pendant un an ou deux, et si les pluies font défaut,
on en attribue la cause à des péchés secrets de
cette nature; on dit que le Dieu du ciel et de la
terre en a pris ombrage; et tous les habitants
du village lui font en commun une offrande
propitiatoire ». Lorsqu'un cas d'adultère ou de

fornication est révélé, « les anciens du village décident que les coupables achèteront un pourceau et l'immoleront. La femme prend un des pieds de la bête ; l'homme en prend un autre, et ils s'en servent pour tracer des sillons qu'ils remplissent du sang de l'animal. Ils grattent ensuite le sol de leurs mains, en disant : « Dieu du ciel et de la terre, Dieu des monts et des collines, j'ai ruiné la productivité de ce pays. Ne t'emporte pas contre moi ; ne me hais pas ; mais prends pitié de moi, et montre ta clémence. Vois, je répare les monts ; vois, je guéris les collines, et les fleuves, et les terres. Puisse-t-il n'y avoir plus de récoltes perdues, puisse-t-il n'y avoir plus de travaux inutiles, ni d'efforts infructueux dans mon pays ; qu'ils s'évanouissent au pied de l'horizon. Rends ton *padi*[1] fertile, et ton riz abondant. Fais croître les légumes. Si nous ne cultivons qu'un peu, accorde-nous néanmoins de récolter un peu. » Après qu'ils ont prié de la sorte, ils rentrent chez eux en disant qu'ils ont réparé la terre[2].

---

1. *Padi* (mot malais) : riz sur tige et encore en épi. (Trad.)

2. F. Mason, « On Dwellings, Works of Art, Laws, etc., of the Karens, » *Journal of the Asiatic Society of Bengal*, Nouvelle série, xxxvii. (1868) 2° partie. No. 3, pp. 147 *sq.* — Comparer A. R. Mac-Mahon, *The Karens of the Golden Chersonese* (Londres, 1876), pp. 334 *sq.*

Ainsi, selon les Karins, l'adultère et la fornication ne sont pas seulement des fautes morales
qui n'intéressent que les coupables et leurs
familles; ces délits affectent physiquement
le cours de la nature, en flétrissant la terre et
en frappant le sol de stérilité; par là, ils deviennent des crimes publics qui menacent l'existence même de toute la communauté en tarissant à leur source ses moyens d'alimentation.
Mais on peut remédier au dommage physique
causé au sol par ces délits, en le saturant de
sang de pourceau.

Certaines des tribus de l'Assam établissent
également un rapport entre les moissons et la
conduite des sexes humains. Tant que la récolte
n'est point engrangée, le moindre acte d'incontinence, pense-t-on, peut tout compromettre[1]. De
même, les habitants des montagnes non loin de
Rajamahal, au Bengale, s'imaginent que l'adultère, s'il reste ignoré et inexpié, attire la peste
sur le village ou livre les habitants en proie
aux tigres ou autres animaux féroces. Pour
prévenir ces fléaux, la femme adultère avoue
en général sa faute. Son complice doit alors
fournir un pourceau; puis on les asperge tous

1. T. C. Hodson, « The *Genna* amongst the Tribes of Assam »,
Journal of the Antropological Institute, xxxvi. (1906), p. 94.

deux du sang de l'animal, ce qui est censé
les laver du péché, et détourner d'eux la colère
divine. Lorsqu'un village est décimé par la
peste ou par des incursions d'animaux sauvages, les habitants croient religieusement que
cette calamité est le châtiment de quelque acte
d'inconduite secret, et ils ont recours à une
curieuse forme de divination pour découvrir les
coupables, afin que le crime soit dûment expié[1].

Les Khasis de l'Assam sont divisés en un
certain nombre de clans exogamiques, c'est-à-
dire où nul ne peut se marier dans son propre
clan. La cohabitation d'un homme et d'une
femme du même clan est regardée comme un
inceste, et comme telle, est censée causer de
graves désordres ; les habitants seront frappés
de la foudre, ou dévorés par des tigres ; les
femmes mourront en couches, etc. Les deux
coupables sont amenés devant un prêtre par les
membres de leur clan, et contraints de sacrifier
un porc et une chèvre. Ils sont ensuite mis hors
la loi, car leur faute est inexpiable[2]. Les Orang-
Glaï, tribu sauvage des montagnes de l'Annam,

1. Lieutenant Thomas Shaw, « On the Inhabitants of the Hills
near Rajamahall, » *Asiatic Researches*, 4ᵉ édit., iv. (1807). pp. 60-
62.

2. P. R. T. Gurdon, *The Khasis* (Londres, 1907), pp. 94, 123.

croient de même qu'un amour illicite est puni par des tigres, qui dévorent les coupables. Lorsqu'une jeune fille se trouve enceinte, sa famille offre un grand repas comprenant pourceaux, volaille et vin, pour apaiser les esprits offensés [1].

Les Battas de Sumatra croient de même que si une femme non mariée est enceinte, il convient de la marier sur-le-champ, fût-ce à un homme de condition inférieure ; car autrement le pays sera infesté de tigres, et la récolte sera maigre. Ils croient aussi que l'adultère chez les femmes mariées attire un fléau de tigres, de crocodiles, ou autres animaux sauvages. Le crime d'inceste suffit, à leur sentiment, à anéantir la récolte entière, s'il n'est promptement porté remède au mal. Les épidémies et autres calamités qui frappent le peuple tout entier sont presque toujours attribués par eux à un inceste, par quoi il faut entendre tout mariage en contradiction avec leurs coutumes [2].

1. E. Aymonier, « Notes sur l'Annam », *Excursions et reconnaissances*, X, n° 24 (Saïgon, 1885), pp. 308 *sq*.

2. J. B. Neumann, « Het Pane en Bila stroomgebied op het eiland Sumatra », *Tijdschrift van het Nederlandsch Aardrijkskundig Genootschap*, Tweede Serie, dl. III, adfeeling, meer uit gebreide artikelen. n° 3 (Amsterdam, 1886), pp. 514 *sq*.; M. Joustra, « Het leven, de zeden en gewoonten der Bataks », *Mededeelingen van wege het Nederlandsche Zendelinggenootschap*, XLVI (1902), p. 411.

Les indigènes de Nias, île située à l'ouest de Sumatra, s'imaginent que les fortes pluies sont causées par les larmes d'un dieu pleurant à l'accomplissement d'un acte d'adultère ou de fornication. Le châtiment de ces crimes est la mort. On enterre les deux délinquants, homme et femme, dans une étroite tombe, leur tête seule dépassant le ras du sol ; puis on leur perce la gorge d'une lance ou on la leur coupe avec un couteau, et on comble la fosse. Parfois, dit-on, on les enterre vifs. Néanmoins, les juges ne sont pas toujours incorruptibles, et la famille lésée n'est pas toujours inaccessible à l'attrait du gain ; une compensation pécuniaire est quelquefois acceptée comme un baume suffisant aux blessures de l'honneur. Mais si le mari outragé est un chef, les coupables ne pourront échapper à la mort. En conséquence, peut-être, de cette sévérité, les crimes d'adultère et de fornication sont, paraît-il, beaucoup moins fréquents dans l'île de Nias qu'en Europe [1].

---

1. H. Sundermann, *Die Insel Nias und die Mission daselbst* (Barmen, 1905), pp. 34 sq., 37, 84. Cp. A. Fehr, *Der Niasser im Leben und Sterben* (Barmen, 1901), pp. 34-36. Th. C. Rappard, « Heit eiland Nias en zijne bewoners », *Bijdragen tot de Taal-Land en Volkenkunde van Nederlandsch-Indië*, LXII (1909), pp. 594-496. La peine capitale en ces matières a été abolie par le gouvernement hollandais, dans la mesure où il lui a été possible d'agir dans cette île.

Des croyances analogues règnent parmi de nombreuses tribus de Bornéo. Ainsi, en ce qui concerne les Dayaks de la côte, le Révérend Perham nous informe que « l'inconduite des célibataires est censée provoquer des pluies diluviennes, en châtiment infligé par *Petara*. Il faut expier le crime au moyen de sacrifices et d'amendes. Dans une cérémonie célébrée parfois pour obtenir le beau temps, on interprète les pluies excessives comme le résultat de l'inconduite de deux jeunes gens. On invoque *Petara*, les délinquants sont expulsés de chez eux, et le temps, dit-on, se remet au beau. Tout district traversé par un individu adultère est tenu pour maudit des dieux, jusqu'à ce que le sacrifice approprié ait été offert » [1]. Quand la pluie tombe pendant des jours entiers, et que les récoltes pourrissent dans les champs, les Dayaks en concluent que certains d'entre eux se sont livrés secrètement aux plaisirs de la chair; les

1. J. Perham, « Petara, or Sea Dyak Gods », *Journal of the Straits Branch of the Royal Asiatic Society*, n° 8, décembre 1881, p. 150 ; H. Ling Roth, *The Natives of Sarawak and British North Borneo* (Londres, 1896), I, 180. *Petara* est le nom général désignant une déité, chez les Dayaks. On croit communément qu'il y a de nombreux *petaras*, et qu'en fait chaque individu a le sien. Le mot viendrait du sanscrit, et serait étymologiquement identique à *Avatar*. Cf. J. Perham, *op. cit.*, pp. 133 *sq.* ; H. Ling Roth, *Natives of Sarawak and British North Borneo,* I, 168 *sq.*

anciens se concertent, se prononcent sur tous
les cas d'inceste et de bigamie, et purifient la
terre au moyen de sang de pourceau auquel
ces sauvages attribuent (comme les Hébreux
attribuaient au sang des moutons) la pré-
cieuse vertu d'expier une faute morale. Il n'y a
pas longtemps encore, les coupables dont la
lubricité aurait ainsi mis en danger tout le pays,
eussent été punis de mort ou tout au moins d'es-
clavage. Un Dayak ne peut épouser sa cousine
germaine qu'après s'être soumis à une cérémonie
spéciale, appelée *bergaput*, pour détourner du
pays les conséquences néfastes de cette union.
Les fiancés se rendent au bord de l'eau, mettent
dans une petite cruche leurs atours personnels,
et l'immergent dans la rivière. Parfois, au lieu
d'une jarre, ils lancent dans l'eau une hachette
et un plat. On sacrifie ensuite un pourceau sur
la rive, et la carcasse, vidée de son sang, est
lancée dans l'eau au même endroit que la
cruche. Puis les amis poussent le couple dans
la rivière en lui enjoignant de prendre un bain
commun. Finalement, on remplit de sang de
porc une canne de bambou, et le couple parcourt
la campagne et les villages des environs en
aspergeant la terre de ce sang. Après quoi, il
leur est loisible de s'épouser. Tout cela se fait,

nous dit-on, pour le bien du pays entier, et afin
que la récolte de riz n'ait pas à souffrir d'un
mariage entre cousins[1]. De même, nous appre-
nons que les Sibuyaux, tribu dayak de Sarawak,
veillent jalousement sur l'honneur de leurs
filles, parce qu'ils estiment que si l'une d'elles
se trouve enceinte, les puissances supérieures en
prennent ombrage, et au lieu de toujours châtier
les amants, elles punissent la tribu en infligeant
des maux à ses divers membres. Aussi, quand
se découvre un crime de cette nature, les coupables sont mis à l'amende, et l'on immole un
pourceau pour apaiser les divinités irritées et
pour détourner la maladie, ou toute autre calamité qui pourrait s'ensuivre. De plus, on met à
l'amende les familles du couple pour tout accident grave ou mort par immersion survenus à
un moment quelconque pendant le mois ayant
précédé l'expiation religieuse. Les familles des
coupables sont, en effet, tenues pour responsables de ces malheurs. Les amendes infligées
en cas d'accidents graves ou fatals sont considérables ; elles sont plus légères pour de simples
blessures. Avec cette crainte de l'amende pré-

1. H. Ling Roth, « Low's Natives of Borneo », *Journal of the
Anthropological Institute,* xxi (1892), pp. 113 *sq.*, 133 ; comparer
id., ibid., xxii (1893), p. 24.

sente à l'esprit, les parents tiennent l'œil ouvert
sur la conduite de leurs filles. Chez les Dayaks
de la rivière Batang Lupar, la chasteté des filles
non mariées n'est pas soumise à une surveillance
aussi sévère; mais les familles honorables dont
une fille a failli, sacrifient un pourceau et
aspergent les portes de son sang pour laver le
péché[1]. Les Dayaks montagnards de Bornéo
ont l'inceste en horreur et n'autorisent pas
même le mariage entre cousins. En 1846, les
Dayaks du Baddat se plaignirent à M. Hugh Low
de ce qu'un de leurs chefs avait compromis
la paix et la prospérité du village en épousant sa
propre petite-fille. Depuis cet événement désastreux, disaient-ils, le bienfaisant soleil ne bril-
lait plus sur leur territoire; la pluie et les
ténèbres régnaient seuls, et si cette tache cala-
miteuse n'était bientôt effacée, la tribu courait
à sa ruine prochaine. On dépouilla le vieux
pêcheur de sa dignité, mais on lui permit,
semble-t-il, de garder sa femme ; toutefois
les querelles domestiques de ce ménage mal
assorti affectèrent profondément les vertueux
paysans[2].

---

1. Spenser Saint-John, *Life in the Forests of the Far East,*
2ᵉ édit. (Londres, 1863), I, pp. 63 *sq.*
2. Hugh Low, *Sarawak* (Londres, 1848), pp. 300 *sq.*

Parmi les tribus païennes de Bornéo en général, mais de Sarawak en particulier, « presque tous les délits sont punis de simples amendes. Des rares délits que l'on considère comme méritant un châtiment plus rigoureux, l'inceste est regardé de l'œil le plus sévère. Pour ce crime, qui leur paraît faire encourir de sérieux dangers à toute la maison, en particulier celui d'une famine par disette de *padi*, deux pénalités sont en vigueur. Si la faute est nettement établie, les coupables sont conduits à un lieu découvert, sur les bords de la rivière, non loin de la maison. On les renverse ensemble à terre et on les transperce d'un bambou acéré ; ils restent ainsi piqués au sol. Le bambou, ayant pris racine et s'épanouissant à cet endroit, se dresse en moniteur des passants ; inutile d'ajouter que le dit lieu est regardé avec horreur et évité de tous. L'autre mode de punition consiste à enfermer les coupables dans une solide cage d'osier, et à les jeter ensuite à la rivière. Ce procédé est adopté pour remplacer le premier, en raison de la difficulté à trouver quelqu'un qui veuille se charger de faire le bourreau et d'enfoncer le pieu de bambou, car l'opération entraîne une effusion du sang de la communauté. Le genre d'inceste qui se présente

le plus fréquemment est le commerce d'un
homme avec sa fille adoptive et (sans doute à
cause de sa fréquence) c'est celui qui est le plus
fortement réprouvé. Le châtiment du couple
incestueux ne suffit pas à écarter le danger dont
leur acte menace la communauté. Il faut que
la maison soit purifiée par du sang de porc
ou de volaille ; or, les animaux immolés appartiennent aux délinquants ou à leur famille ; de
cette façon une amende se trouve leur avoir été
infligée.

Quand une calamité quelconque menace ou
afflige une famille, en particulier lorsqu'une
forte crue semble devoir balayer la maison ou les
tombeaux des ancêtres, les Kayans sont tentés
de soupçonner l'existence de relations incestueuses dans leur maison ou dans des maisons
voisines, et ils en cherchent autour d'eux les
preuves. Parfois ils découvrent un cas qui
autrement serait resté ignoré. Il semble probable
qu'il y a quelque rapport intime entre cette
croyance et le second des deux modes de châtiment décrits ci-dessus ; mais il n'existe aucune
preuve directe de ce rapport. Toutes les autres
peuplades également, les Punans excepté, punissent l'inceste de mort. Chez les Dayaks de la
côte, le genre d'inceste le plus répandu est celui

d'un jeune homme avec sa tante, et il est traité avec au moins autant de sévérité que tout autre[1] ».

Ce n'est pas uniquement l'abominable crime de l'inceste qui met la communauté en péril, dans l'opinion de ces Dayaks. Le même résultat est censé se produire chaque fois qu'une femme non mariée se trouve enceinte et ne peut, ou ne veut pas, désigner son séducteur. « Le plus grand déshonneur, nous apprend-on, s'attache à la femme grosse qui est incapable de nommer son mari ; et des cas de suicide par le poison, pour éviter cette honte, ne sont pas rares. Si quelqu'une est surprise en cet état, elle doit acquitter une amende en pourceaux ou en autre denrée. Peu de gens, même parmi les notables, se dénoncent sans encourir une responsabilité considérable. On immole un porc qui devient le père nominal de l'enfant, à défaut, croit-on, d'un autre meilleur. Ensuite les proches voisins doivent recevoir une partie de l'amende pour bannir le *Jabu* qui existe après un tel accident. Si l'amende n'est pas acquittée, la femme n'osera sortir de sa chambre, de crainte d'être molestée, car elle est censée avoir attiré le mal

---

1. Ch. Hose et W. Mac Dougall, *The Pagan Tribes of Borneo* (Londres, 1912), II, 196-199.

(*kudi*) et la confusion sur les habitants et leurs biens[1]. »

Les témoignages précédents ont plus spécialement trait aux tribus de Bornéo qui dépendent du gouvernement britannique. Des idées et des coutumes analogues règnent parmi les tribus de même souche de la région hollandaise. Ainsi les Bahaus ou Kayans de l'intérieur de l'île, croient que tout adultère est châtié par les esprits, qui infligent à toute la tribu de mauvaises récoltes et autres calamités. En vue donc de détourner ces funestes conséquences des membres innocents de la tribu, les deux coupables sont placés avec tous leurs biens sur un banc de sable au milieu de la rivière, afin de les isoler et d'empêcher l'infection morale, ou plutôt physique, de se propager. Puis on immole pourceaux et volailles, et des prêtresses barbouillent du sang de ces animaux les objets appartenant aux deux criminels ; ceci afin de les désinfecter. Finalement, les coupables, pourvus de seize œufs, sont placés sur un radeau qu'on laisse aller à la dérive. Ils peuvent se sauver en plongeant dans l'eau pour gagner les bords à la nage ; ceci est peut-être la forme atténuée d'une ancienne sen-

1. Ch. Brooke, *Ten Years in Sarawak* (Londres, 1866), I. 69 *sq.*

tence de mort par submersion, car aujourd'hui
encore, les jeunes gens criblent de longues
herbes (en simulacre de flèches) le couple honteux et ruisselant d'eau[1]. Il est constant que
certaines tribus de Dayaks punissaient l'inceste
en enfermant l'homme et la femme dans deux
paniers lestés de pierres et en les noyant dans
la rivière. Sous le nom d'inceste était désignée
la cohabitation des parents avec leurs enfants,
des frères avec leurs sœurs, des oncles ou tantes
avec leurs nièces ou neveux. Un résident hollandais éprouva les plus grosses difficultés à sauver
la vie d'un oncle et de sa nièce qui s'étaient
épousés; il obtint finalement qu'ils seraient
exilés dans un coin éloigné de Bornéo[2]. Les
Kayans Blu-u, autre tribu de l'intérieur de l'île,
croient que les esprits punissent toute liaison
entre gens non mariés, par une récolte, une
chasse, ou une pêche infructueuses. Les délinquants doivent en conséquence apaiser le courroux de ces esprits en sacrifiant un porc et une
certaine quantité de riz[3]. Dans le Pasir, dis-

1. A. W. Nieuwenhuis, *Quer durch Borneo* (Leyde, 1904, 1907),
1, 367.

2. M. T. H. Perelaer, *Ethnographische Beschrijving der Dajaks*
(Zalt-Bommel, 1870), pp. 59 *sq.*

3. A. W. Nieuwenhuis, *Quer durch Borneo*, II. 99; *id., In
Centraal Borneo* (Leyde, 1900), II, 278.

trict à l'est de Bornéo, on croit que l'inceste provoque la disette, des épidémies, et toutes sortes de maux qui affligent le pays[1]. Dans l'île de Céram, un homme convaincu d'impudicité doit barbouiller toutes les maisons du village de sang de porc et de poulet, ce qui est supposé effacer sa faute et garantir le village de toute calamité[2].

Quand la moisson est mauvaise dans le sud de l'île de Célèbes, les Macassars et les Bouginais regardent le fait comme l'indice certain qu'un inceste a été commis quelque part et que les esprits sont fâchés. En 1877 et en 1878, il arriva que la mousson d'ouest ne souffla point; en conséquence de quoi, la récolte de riz avorta. De plus, quantité de buffles périrent d'épizootie. A la même époque se trouvait dans la prison de Takalar un individu jadis inculpé d'inceste. Plusieurs indigènes de sa tribu supplièrent le gouverneur hollandais de leur livrer le criminel, car, suivant l'opinion publique, les fléaux n'auraient de cesse que le coupable n'ait subi le châtiment mérité. Toute l'éloquence du gouver-

1. A. H. F. J. Nusselein. « Beschrijving van het landschap Pasir », *Bijdragen tot de Taal- Land- en Volkenkunde van Nederlandsch Indië*, LVIII (1905), p. 5 38.

2. A. Bastian, *Indonesien*, I. (Berlin, 1884), p. 144.

neur dut s'employer à persuader les requérants
de retourner paisiblement à leur village. Quand
le détenu, ayant purgé sa peine, fut libéré peu de
temps après, on lui facilita, sur sa demande, les
moyens de s'expatrier, car il ne se sentait plus en
sûreté dans son pays [1]. Même alors que le couple
incestueux ne demeure pas impuni, son sang
ne doit pas être répandu ; car on croit que si
le sol venait à être souillé du sang de ces criminels, les rivières s'assècheraient, et les poissons disparaîtraient, la moisson et le rendement des potagers seraient nuls, les fruits
comestibles feraient défaut, la maladie déci-
merait le bétail et les chevaux, des luttes intes-
tines éclateraient, et le pays souffrirait d'autres
redoutables calamités.

On châtie donc les coupables en évitant de
verser leur sang ; on les enferme d'ordinaire
en un sac que l'on jette à la mer. On les
pourvoit néanmoins des provisions nécessaires
pour ce voyage dans l'éternité : un sachet de
riz, du sel, du poisson fumé, des noix de coco, et
diverses autres choses au nombre desquelles on
n'a garde d'omettre trois chiques de bétel [2]. Ceci

1. G.-A. Wilken, *Verspreide Geschriften* (La Haye, 1912),
II, 335 (« Huwelijken tusschen bloedverwanten », p. 26).
2. B.-F. Matthes, « Over de *áda's* of gewoonten der Makassa-

peut aider à comprendre pourquoi les Romains
avaient coutume de coudre les parricides dans
un sac en compagnie d'un chien, d'un coq,
d'une vipère, et d'un singe, avant de précipiter
le tout à la mer. Ils craignaient probablement
de souiller le sol de l'Italie, en l'arrosant du
sang de pareils mécréants [1]. Chez les Tomori du
centre de Célèbes, tout individu coupable d'inceste est étranglé ; il ne faut pas que la moindre
goutte de son sang tombe à terre, sans quoi le
riz ne germerait plus. L'union d'un oncle avec
sa nièce est tenue pour incestueuse, mais peut
être expiée par une offrande. Un vêtement de
l'homme et un de la femme sont mis dans un
récipient de cuivre ; on fait égoutter sur le tout
le sang d'un animal immolé, chèvre ou poulet ;
puis le récipient avec son contenu est abandonné
au courant de la rivière [2]. Chez les Tolokaki,

---

ren en Boegineezen », *Verslagen en Mededeelingen der Koninklijke
Akademie van Wetenschappen*, Afdeeling Letterkunde, Derde
Reeks, II. (Amsterdam, 1885), p. 182.

1. *Digest*, XLVIII. 9. 9, *Poena parricidii more majorum haec ins-
tituta est, ut parricida virgis sanguineis verberatus deinde culleo
insuatur cum cane, gallo gallinaceo et vipera et simia : deinde in
mare profundum culleus jactatur*. Comparer Valère Maxime, I,
I. 13 ; la note de J.-E.B. Mayor sur Juvénal, VIII, 214. Si l'explication suggérée plus haut est exacte, la fustigation du criminel
jusqu'à effusion de sang (*virgis sanguineis verberatus*) doit être
une addition à la pénalité primitive.

2. A.-C. Kruijt, « Eenige aanteekeningen omtrent de Toboeng-

autre tribu du centre de Célèbes, les personnes qui se sont souillées par un inceste sont enfermées dans un panier, et jetées à l'eau. Aucune goutte de leur sang ne doit humecter le sol ; car cela empêcherait la terre de produire désormais aucun fruit.

Chez les Toradjas du centre de Célèbes, la peine courante pour un inceste, c'est-à-dire tout commerce sexuel entre parents et enfants, ou frères et sœurs, est la mort. Mais, tandis que la sentence de mort pour adultère s'exécute par la lance ou l'épée, celle pour l'inceste s'exécute d'ordinaire, dans les tribus de l'intérieur, à coups de gourdins ou par strangulation ; car si le sang des coupables s'égouttait sur le sol, la terre deviendrait infertile. Les peuplades de la côte mettent le couple criminel dans un panier, le lestent de pierres, et le jettent à la mer. Cette façon prescrite de mettre à mort les incestueux rend, paraît-il, l'exécution fort pénible. Néanmoins, les auteurs qui nous instruisent de ces détails et qui vivent depuis de nombreuses années sur un pied d'intimité avec ces tribus, ajoutent que « l'inceste se produit peu fréquem-

koe en de Tomori », *Mededeelingen van wege het Nederlandsche Zendelinggenootschap*, XLIV (1900), p. 235.

1. A.-C. Kruijt, « Van Posso naar Mori », *Mededeelingen van wege het Nederlandsche Zendelinggenootschap*, xliv (1900), p. 162.

ment, ou plutôt les cas qui voient le jour sont
très rares[1] ».

Dans certains districts du centre de Célèbes,
le mariage entre cousins, alors qu'ils sont
enfants de deux sœurs, est interdit sous peine de
mort. On croit qu'une telle alliance irriterait les
esprits, et que les récoltes de riz et de maïs
avorteraient. Deux cousins coupables d'un tel
crime devraient, à la rigueur, être liés ensemble,
lestés de pierre et précipités à l'eau. En pratique
toutefois, on épargne les coupables, et leur péché
s'expie par le sacrifice d'un buffle ou d'un bouc.
On mélange le sang de l'animal avec de l'eau, et
on en arrose les rizières, ou bien on le répand
sur les champs de maïs. afin sans doute d'apaiser
les esprits irrités et de restituer sa fertilité à la
terre labourée. Les indigènes de ces districts
croient que si un frère et une sœur se rendaient
coupables d'inceste, le territoire où réside la
tribu serait englouti. Lorsque pareil crime est
commis, les coupables sont liés ensemble, on
leur attache des pierres aux pieds, et on les
jette à la mer[2].

1. N. Adriani en Alb. C. Kruijt, *De Bare'e Sprekende Toradja's
van Midden Celebes*, I (Batavia, 1912), p. 187.

2. Hissink, « Nota van toelichting, betreffende de zelbesturende
landschappen Paloe, Dolo, Sigi, en Beromaroe », *Tijdschrift
voor Indische Taal-Land, en Volkenkunde*, liv. (1912), p. 115.

Lorsqu'il pleut à torrents, les Galelarais de Halmahera, autre grande île à l'est des Indes, prétendent qu'un frère et une sœur, ou un père et sa fille, ou tous autres proches parents, ont des rapports illicites entre eux et que tout le monde doit en être informé ; c'est à cette seule condition que la pluie cessera de tomber. Cette superstition a suscité à maintes reprises des accusations d'inceste — justifiées ou non — contre des individus consanguins. De plus, les gens croient que certains phénomènes inquiétants, tels qu'un violent tremblement de terre ou une éruption volcanique, sont causés par des crimes du même genre. Les individus inculpés sont conduits à Ternate ; on prétend que jadis on les noyait souvent en cours de route, ou qu'une fois parvenus là, on les condamnait à être précipités dans le volcan[1]. Dans l'Archipel de Banggai, à l'est de Célèbes, on regarde les tremblements de terre comme des châtiments infligés par de méchants génies en punition d'amours illicites[2].

Dans certaines régions de l'Afrique égale-

---

1. M. J. van Baarda, « Fabelen, Verhalen en Overleveringen der Galelareezen », *Bijdragen tot de Taal-Landen Volkenkunde van Nederlandsch Indië*, XLV (1895), p. 514.

2. F. S. A. de Clerq, *Bijdragen tot de Kennis der Residentie Ternate* (Leyde, 1890), p. 132.

ment, on croit que des atteintes à la moralité
sexuelle troublent le cours de la nature, en particulier en anéantissant les produits de la terre.
Il est probable que cette opinion est beaucoup
plus répandue sur ce continent que les témoignages rares et fragmentaires qui sont à notre
disposition ne nous portent à le supposer. Ainsi,
les nègres du Loango, dans l'Afrique Occidentale, s'imaginent que la divinité punit le commerce d'un homme avec une fillette impubère
par la sécheresse et la famine qui en résulte,
jusqu'à ce que les deux coupables aient expié
leur faute en dansant nus devant le roi et le
peuple assemblé qui leur jette du gravier chaud
et des morceaux de verre, tandis qu'ils passent
ainsi par les baguettes. Dans cette contrée les
pluies tombent généralement en septembre.
Mais en 1898 il y eut une longue période de
sécheresse, et le mois de décembre était presque
passé que, dans les champs, le maïs desséché
frissonnait tristement sous la bise ; les grains
gisaient noirs et racornis sur un sol crevassé,
et depuis longtemps les pousses de pommes de
de terre s'étaient épanouies et flétries. On éleva
des réclamations contre les chefs qui négligeaient leurs devoirs envers les puissances primitives de la terre ; les prêtres des bois sacrés

eurent recours à la divination et découvrirent
que Dieu était irrité contre le pays en raison de
l'inconduite de certaines personnes encore
inconnues qui transgressaient les lois et les traditions de leur Dieu et de leur pays. Le vieux
roi débile s'était enfui, mais l'esclave qui faisait
fonction de régent fit dire aux chefs qu'il y avait
dans leurs villes des individus responsables de
la colère divine. Chaque chef réunit donc ses
sujets et ordonna des enquêtes. On découvrit
ainsi que trois jeunes filles avaient violé les
usages de leur pays, et se trouvaient enceintes
avant d'avoir passé dans ce qu'on nomme la
« maison de peinture », c'est-à-dire avant d'avoir
été peintes en rouge et isolées une saison durant,
en signe qu'elles avaient atteint l'âge de puberté.
La population tenta de châtier, et même de
tuer, les trois jeunes filles ; et l'auteur anglais
qui rapporte ce fait, a jugé nécessaire d'ajouter
que le matin même où les coupables compa-
rurent devant le magistrat, la pluie se mit à
tomber[1]. Chez les Bavili du Loango qui sont
répartis en clans totémiques, aucun homme ne
peut épouser une femme du clan de sa mère ;

1. O. Dapper, *Description de l'Afrique* (Amsterdam, 1686),
p. 326 ; R. E. Dennett, *At the Back of the Black Man's Mind*
(Londres, 1906), pp. 53, 67-71.

Dieu est censé punir toute infraction à cette loi du mariage en retenant les pluies alors qu'elles devraient tomber[1]. Des opinions analogues sur l'influence néfaste du crime sexuel paraissent acceptées par les Nandi de l'Afrique Orientale britannique; on nous apprend, en effet, que lorsqu'une jeune fille est enceinte des œuvres d'un guerrier, « elle est punie de quarantaine ; aucune de ses amies n'a le droit de lui parler ou de la regarder avant que l'enfant soit né, et ait été enterré. Elle est, de plus, déconsidérée pour le restant de sa vie, et ne peut pénétrer dans aucune grange, de crainte d'y gâter le blé[2] ». De même, chez les Basoutos, « tant que le blé est exposé à la vue, toute personne souillée est soigneusement tenue à distance. Si l'on requiert l'aide d'un homme impur pour rentrer la moisson, il se tient à l'écart pendant qu'on remplit les sacs, et ne s'en approche que pour les placer sur les bœufs de trait. Il se retire dès que la charge a été déposée devant la maison, et sous aucun prétexte il ne saurait aider à vider le blé dans le panier où on le conserve[3] ». La

1. R. E. Dennett, op. cit., p. 52.

2. A. C. Hollis, The Nandi, their Language and Folklore (Oxford, 1909), p. 76.

3. E. Casalis, The Basutos (Londres, 1861), p. 252.

nature de la souillure qui rend ainsi impropre à la manutention du blé n'est point précisée, mais on peut conjecturer que la luxure tomberait sous cette rubrique. Lorsque naît un enfant, chez les Basoutos, on allume un nouveau feu dans la demeure en frottant du bois, et cette opération doit être accomplie par un adolescent encore vierge ; on croit qu'une mort prématurée frapperait celui qui oserait se charger de cet office sacré après avoir perdu son innocence[1]. Au Maroc, quiconque pénètre dans une grange doit retirer ses babouches et être sexuellement pur. Si quelqu'un en état d'impureté y mettait le pied, non seulement, croit-on, le grain perdrait ses vertus bienfaisantes (*baraka*), mais l'intrus lui-même tomberait malade. Un Berbère raconta à Westermarck qu'il avait été affligé de douloureux abcès pour être entré dans une grange en état d'impureté[2].

1. E. Casalis, *The Basutos*, p. 267. L'auteur nous apprend (pp. 255 *sq.*), que « la mort, avec tout ce qui la précède et la suit immédiatement, est aux yeux de ces populations la plus grave des souillures. Ainsi les malades, les personnes ayant touché ou enseveli un cadavre, celles qui ont creusé sa fosse, celles qui, par mégarde, marchent ou s'asseoient sur une tombe, les proches parents d'un mort, les assassins, les guerriers qui ont tué des ennemis au combat, sont tous considérés comme impurs ». Sans aucun doute il serait fait défense à tous ces individus de toucher à du blé.

2. Ed. Westermarck, *Ceremonies and Beliefs connected with*

La même règle s'applique au Maroc aux jardins potagers. Seuls, les individus sexuellement purs ont droit d'y pénétrer, autrement les légumes et l'intrus subiraient tous deux de graves préjudices[1].

Les Dinka du Haut-Nil croient qu'un inceste met en colère les mânes ancestraux (*jok*), qui punissent la jeune femme en la rendant stérile. Même si elle se mariait, elle n'aurait pas d'enfant avant d'avoir avoué son péché, et fait amende honorable. Son amant doit fournir un taureau à sacrifier. Le père de celui-ci immole l'animal ; le père de la femme prend une partie du contenu du gros intestin et en barbouille le ventre de sa fille et celui de son complice. La souillure du péché se trouve ainsi effacée, et la femme redevient capable d'enfanter[2]. Les Maloulekes et les Hlengous, tribus de l'Afrique du Sud au nord des Thonga, croient que si un jeune homme imprègne une jeune fille avec qui il n'est point marié, des décès se produiront dans le village. Aussi quand la grossesse de la jeune femme est constatée, le coupable

Agriculture, Certain Dates of the Solar Year, and the Weather in Morocco (Helsingfors, 1913), p. 46.

1. E. Westermarck, *op. cit.*, p. 54 ; cf. pp. 17, 23, 47.

2. C. G. Seligmann, s. v « Dinka » dans Hastings, *Encyclopaedia of Religion and Ethics*, IV (Edimbourg, 1911), p. 709.

doit doter une jeune fille en guise d'amende [1].

Il convient de remarquer, toutefois, que chez certaines tribus qui, en principe, réprouvent fortement les rapports incestueux, l'inceste est positivement enjoint dans certains cas spéciaux comme moyen de s'assurer la chance.

Ainsi, dans la tribu Thonga du sud-ouest de l'Afrique, aux alentours de la Baie de Delagoa, il existe une classe d'individus qui s'adonnent à la chasse à l'hippopotame sur les rivières. Dans l'exercice de leur métier, ces indigènes observent un certain nombre de superstitions curieuses qui ont été transmises de père en fils depuis des générations. Par exemple, ils s'inoculent certaine drogue qui est censée les douer d'un tel pouvoir sur les hippopotames que, lorsque le chasseur en blesse un, la bête ne saurait aller fort loin et l'homme peut la rejoindre et l'achever. Pendant le jour, le chasseur pêche dans la rivière, tenant constamment l'œil fixé sur les monstres pesants qui s'ébattent dans l'onde, ou traversent lourdement les fourrés du rivage. « Quand il voit arriver la saison favorable et qu'il se sent prêt à entreprendre une chasse

1. Henri Junod: « Les Conceptions physiologiques des Bantou Sud-Africains et leurs tabous », *Revue d'Ethnographie et de Sociologie*, I (1910), p. 146, note 2.

d'un mois, il fait tout d'abord venir sa propre
fille dans sa hutte et a avec elle des rapports
sexuels. Cet acte incestueux, strictement tabou
en temps ordinaire, fait de lui un « meurtrier »,
il a tué quelque chose chez lui ; il a acquis le
courage nécessaire aux grands exploits sur la
rivière. Dorénavant, il n'aura plus aucun commerce avec ses femmes durant toute l'expédition. La même nuit, et sitôt l'acte consommé,
il se met en campagne avec ses fils, et ils obstruent le passage à l'endroit où les bêtes quittent
la rivière, en plaçant une pirogue en travers du
sentier. » Dans l'intervalle, les hippopotames
broutent dans la forêt, ou piétinent les moissons sous leurs pattes massives. Au moment
où leur troupe revient, la pirogue les arrête, et
tandis qu'ils examinent l'étrange obstacle, les
chasseurs embusqués visent de leur lance le
cuir épais des animaux. Le bois n'est que légè-
rement réuni au fer de la lance ; ils sont reliés
par une longue ficelle, si bien que lorsque le
monstre, affolé par sa blessure, fonce, tête
baissée, à travers le fourré pour plonger dans le
fleuve et y disparaître aux regards, le manche
se détache du fer et flotte à la surface, indi-
quant la direction suivie par l'animal. Dès que
le chasseur a lancé son arme, il court chez lui

avertir sa femme. Il faut qu'elle s'enferme sur-
le-champ dans sa hutte et y demeure absolument tranquille, sans boire ni manger, ni broyer
ses légumes farineux; car autrement, l'hippopotame blessé se montrerait combattif et pourrait
tuer son mari, tandis que, si elle reste tranquille, l'animal demeurera également paisible.
On convoque alors tous les chasseurs du village,
qui s'embarquent sur un canot et rament à la
poursuite de leur proie dont la ligne de retraite
est marquée par les mouvements de la hampe,
comme aussi par l'apparition intermittente d'un
énorme groin aplati qui émerge pour respirer.
Quand l'animal a été achevé, et sa carcasse
amenée sur la rive, on le retourne sur le dos et
le chasseur se glisse, de derrière, entre ses
pattes, le long du ventre et de la poitrine jusqu'à la gueule. Puis il se retire. L'homme est
censé, grâce à cette cérémonie, s'approprier la
souillure, et peut-être la nature de l'animal, si
bien que lorsqu'à l'avenir il rencontrera des hippopotames, ceux-ci ne se rendront pas compte
qu'il est homme, mais le prendront pour un
autre hippopotame; ce qui fait qu'il pourra égorger avec impunité les animaux ainsi bernés [1].

1. Henri Junod, *The Life of a South African Tribe* (Neuchâtel,
1912-1913), II, 60-62.

Autant que l'on puisse pénétrer le sens de ces rites singuliers, l'intention générale en paraît être d'identifier le chasseur et sa famille avec le gibier qu'il pourchasse afin de lui donner pleins pouvoirs sur les animaux. Cette intention se manifeste par la conduite de la femme du chasseur quand l'hippopotame est blessé ; elle s'identifie si bien à l'animal que celui-ci est censé faire tout ce qu'elle fait elle-même. Si elle vaque allègrement à sa besogne et se restaure de boisson et de nourriture, l'hippopotame sera de même alerte et vigoureux, et donnera du fil' à retordre à ses agresseurs ; au contraire, si elle reste parfaitement tranquille, l'animal n'opposera aucune résistance et se laissera égorger comme un agneau. Peut-être une disposition d'esprit semblable motive-t-elle en partie l'inceste que doit commettre le chasseur avec sa propre fille avant de se mettre en campagne. Serait-ce que, par cette violence faite à sa progéniture, il est censé acquérir un certain pouvoir sur l'animal ? Il se peut ; pourtant il est difficile de voir pourquoi cet acte de violence doit prendre cette forme spéciale, et pourquoi — selon les principes de la magie imitative ou homœopatique, — un simulacre de blessure ou de mise à mort à coups de lance n'aurait pas été plus efficace.

Une autre tribu sauvage pour qui, en certains
cas, l'inceste paraît être également le chemin de
la fortune, est celle des Antambahoaka, au
sud-est de Madagascar. Avant de partir pour la
chasse, la pêche, la guerre, ou une autre expédition, tout Antambahoaka s'arrange pour avoir
des rapports sexuels avec sa sœur ou sa plus
proche parente ; il espère ainsi assurer le succès
de son entreprise [1]. Quelle est exactement l'intention qui préside à ces dérogations exceptionnelles
et voulues aux règles de la morale usuelle? C'est
ce qu'il est difficile de comprendre ; je note ces
faits parce qu'ils dévient en apparence de la
ligne de conduite normale de ces sauvages, et
nous aident ainsi à nous rendre compte de l'ignorance où nous sommes restés des replis secrets
de la pensée primitive.

En exceptant ces cas remarquables et encore
assez mal expliqués [2], on peut dire d'une manière

1. A. Van Gennep, *Tabou et Totémisme à Madagascar* (Paris,
1904), pp. 342 *sq.*, sur le témoignage de M. Gabriel Ferrand.
M. Ferrand m'a confirmé oralement cet exemple à Paris, le
19 avril 1910. Cf. G. Ferrand, *Les Musulmans à Madagascar et
aux Iles Comores*, II (Paris, 1893), pp. 20 *sq.*

2. A Fidji, le rite de la circoncision s'accompagnait d'orgies
sexuelles où frères et sœurs paraissent avoir été intentionnelle-
ment accouplés. Cf. Lorimer Fison, « The Nanga, or Sacred
Stone Enclosure of Waïnimala, Fiji », *Journal of the Anthropological Institute*, XIV (1885), pp. 27-30, et la note de Sir E. B.
Taylor, pp. 28 *sq.* ; J. G. Frazer, *Totemism and Exogamy*. II,

générale que, dans de nombreuses tribus sauvages, les infractions aux lois du mariage sont
censées attirer sur la communauté les calamités
les plus graves et, en particulier, anéantir les
produits de la terre par des pluies ou une sécheresse excessives. On discerne, semble-t-il, des
vestiges de croyances analogues parmi les races
civilisées de l'Antiquité. Ainsi, chez les Hébreux,
on lit que Job, lorsqu'il proteste avec véhémence
devant Dieu de son innocence, affirme qu'il n'est
point adultère : « Car, dit-il, c'eût été un crime
odieux, et une de ces iniquités qui sont toutes
jugées ; un feu qui m'aurait dévoré jusqu'à me
consumer, et qui aurait déraciné mon revenu [1]. »

Dans ce passage, le mot hébreu traduit par
« revenu » signifie communément « les produits du sol », et, si l'on donne ici au mot son
sens habituel, Job affirme que l'adultère anéan-
tit les fruits de la terre, ce qui est précisément
ce que beaucoup de sauvages croient encore.

145-148. Ces périodes de licence générale accordée à la communauté entière s'expliquent le plus aisément, semble-t-il, par des
renaissances temporaires d'un ancien état de communisme sexuel.
Mais cette explication paraît difficilement applicable aux exemples
cités dans notre texte, où la licence n'est pas accordée à l'ensemble de la population, mais enjointe à certains individus seulement et dans des circonstances particulières. Pour d'autres cas
de retour apparent au communisme sexuel primitif, voir *Totemism and Exogamy*, I, 311 *sq.*

1. *Job*, XXXI, 11 *sq.*

Cette interprétation est corroborée par deux récits de la Genèse, où nous lisons que Sarah, femme d'Abraham, fut amenée par un roi dans son harem ; sur quoi Dieu infligea au roi et à sa maison de grands fléaux, particulièrement en obturant le sein de sa femme et de ses servantes, en sorte qu'elles ne purent concevoir. Ce n'est qu'après l'admission et l'aveu faits par le roi de son péché, et après qu'Abraham eut prié Dieu de lui pardonner, que les femmes du roi redevinrent fécondes[1]. Ces récits paraissent impliquer que l'adultère, même commis en toute ignorance, est une cause de fléau, et, en particulier, de stérilité chez les femmes. De même, dans le Lévitique, à la suite d'une longue liste de crimes sexuels, on lit[2] : « Ne vous souillez point par aucune de ces choses, car dans toutes ces nations, il y a des hommes impurs, et je vais les chasser de devant vos yeux. Et la terre en a été souillée, et je punis sur elle son iniquité, et la terre vomit ses habitants. » Ce passage semble impliquer que le sol même était matériellement affecté, en quelque sorte, par les délits sexuels, si bien qu'il ne pouvait plus nourrir ses habitants. Les anciens Grecs se faisaient

1. *Genèse*, XII, 10-20 ; XX, 1-18.
2. *Lévitique*, XVIII, 24 sq.

apparemment une idée analogue des effets dévas-
tateurs de l'inceste ; car, selon Sophocle, le pays
Thébain souffrit de la sécheresse, de la peste, et
de la stérilité des femmes et du bétail, sous le
règne d'Œdipe qui avait à son insu tué son
père et épousé sa mère. La campagne devint une
morne solitude, et l'oracle de Delphes déclara
que l'unique moyen d'en restaurer la prospérité
était de bannir le criminel[1]. Sans nul doute, le
poëte et son auditoire attribuaient en partie ces
calamités au parricide qui pesait sur Œdipe ;
mais ils rendaient aussi responsable de ces
maux l'inceste qu'il avait commis en épousant
sa mère. Sous le règne de Claude, un patricien
romain fut accusé d'inceste avec sa sœur. Il se
suicida ; sa sœur fut condamnée à l'exil, et
l'empereur ordonna la célébration de certains
rites anciens empruntés aux lois de Servius Tul-
lius, ainsi qu'un sacrifice expiatoire par les pon-
tifes dans le bosquet sacré de Diane[2]. Comme
Diane paraît avoir été la déesse de la fécondité
en général, et de celle des femmes en particulier[3],
l'expiation d'un inceste offerte dans son sanc-

1. Sophocle, *Œdipe-Roi*, 22 *sq.*, 95 *sq.*
2. *Tacite, Annales*, XII, 4 et 8.
3. Cf. J. G. Frazer, *The Magic Art and the Evolution of Kings.*
I, 12, 14 *sqq.*

tuaire peut être considérée comme une preuve
que les Romains, à l'instar d'autres peuples,
attribuaient à l'inconduite en matière sexuelle
une influence néfaste sur les fruits de la terre et
sur ceux du sein de la femme.

A en croire une ancienne légende irlandaise,
Munster fut frappé, au III⁰ siècle de notre ère,
d'une disette de céréales, et d'autres maux. Les
nobles s'étant enquis à ce sujet, apprirent que
ces calamités résultaient d'un inceste que le roi
avait commis avec sa sœur. Pour mettre un
terme au fléau, ils exigèrent du roi qu'il leur
livrât les deux fils nés de cette union impie,
pour les vouer aux flammes et disperser leurs
cendres dans une eau courante[1]. Une autre
légende du même pays relate, que Cairbre Musc
« eut deux fils de sa sœur. Elle portait le nom
de Duben, et eux s'appelaient Corc et Cormac
respectivement. Les enfants étaient jumeaux,
et l'histoire de leur naissance n'est pas moins
étrange que celle de Dylan et Llew, car il se
trouva que l'un d'eux avait mangé les oreilles
de son frère avant qu'il vît le jour. Le crime de
leurs parents fut cause que les récoltes avortè-

---

1. G. Keating, *History of Ireland*, trad. par J. O'Mahony
(New-York, 1857), pp. 337 *sq.* ; P. W. Joyce, *Social History of
Ancient Ireland* (Londres, 1903), II, 512 *sq.*

rent, ce qui, d'après l'opinion régnante en Irlande,
en découlait naturellement, et Cairbre fut obligé
d'avouer sa faute aux nobles du royaume qui,
lorsque les enfants vinrent au monde, les livrè-
rent au feu afin que l'inceste ne séjournât pas
dans le pays : « Donne-moi le *Corc*[1] que voilà,
dit le druide de Cairbre, que je le place hors
d'Erin (l'Irlande) pour que l'inceste ne soit plus
au-dedans. » On remit Corc au druide, qui avec
sa femme, laquelle s'appelait Bói, l'emmena
dans une île. Ils avaient une vache blanche à
oreilles rouges ; et chaque matin Corc, placé sur
le dos de la vache, était soumis de leur part à
une ablution ; au bout d'une année, jour pour
jour, la vache s'enfuit, sauta dans la mer, et y
fut changée en un roc, et cela, parce que le caractère païen de l'enfant avait pénétré en elle. *Bó*,
Búi ou Bóï 's Cow (La vache de Bóï) est le nom
du rocher ; *Inis Búi*, l'Ile de Bói, celui de l'île.
L'enfant fut plus tard ramené en Erin. Telle
est la façon dont Corc fut purgé du virus de
son péché originel, et le théâtre de ces événements est l'un des trois îlots appelés le Taureau, la Vache, et le Veau, non loin de l'île de

---

1. « *Corc* signifie *tondu* ou *rasé* ; ici le nom se rapporte aux
oreilles de celui qui le porte, et le verbe désignant l'acte de mutilation de son frère est *ro-chorc*. »

Dursey, dans le golfe dit Kenmare River[1] ».

Il est donc manifeste, que, dans l'opinion de nombreux peuples, l'inconduite sexuelle des individus, mariés ou non-mariés, n'est pas simplement un outrage à la morale, affectant uniquement les quelques personnes immédiatement intéressées ; on croit que cette inconduite expose à des conséquences désastreuses la population tout entière ; soit directement, par une sorte d'influence magique ; soit indirectement, en provoquant la fureur des dieux que ces actes offensent. Bien plus, cette inconduite, suppose-t-on, porte atteinte à l'existence de la communauté en détruisant les fruits de la terre, et en tarissant ainsi ses réserves nourricières. Partout où règnent ces superstitions, il est évident que l'opinion et la justice publiques doivent traiter toute infraction sexuelle avec beaucoup plus de rigueur que n'en montrent les peuples qui, comme la plupart des nations civilisées, voient dans ces irrégularités plutôt des faits d'intérêt privé que d'intérêt général, des péchés plutôt que des crimes, actes qui peuvent sans doute affecter le salut éternel de l'individu dans une vie future, mais qui ne compromettent nullement le salut

1. John Rhys, *Celtic Heathendom* (Londres, Edimbourg, 1888), p. 308 *sq.* renvoyant au *Book of the Dun*, 54 *a.*

temporel de la communauté innocente prise
dans son ensemble.

Réciproquement, partout où l'on trouve l'inceste, l'adultère et la fornication traités par la
communauté avec une rigueur extrême, on peut
raisonnablement inférer que la superstition est
la raison première de ce traitement. En d'autres
termes, que, partout où une tribu ou une nation,
non contente de laisser aux parties lésées le soin
de punir ces délits, les a elle-même réprimés
avec une sévérité exceptionnelle, cette conduite
est probablement motivée par la croyance que
ces fautes ont pour effet de troubler le cours de
la nature et de mettre ainsi en péril la population tout entière. Celle-ci doit donc se protéger
en prenant les mesures nécessaires pour réduire
à l'impuissance et, au besoin, pour exterminer les
délinquants. Ceci expliquerait pourquoi, par
exemple, les lois de Manou condamnaient la
femme adultère à être dévorée en un lieu public
par des chiens ; et l'homme, à être grillé sur un
lit de fer chauffé au rouge[1] ; pourquoi le code
babylonien d'Hammurabi destinait un couple
adultère à la strangulation, suivie de noyade ;

---

1. *Laws of Manu*, VIII, 371 *sq.*, trad. G. Bühler, pp. 318 *sq.*
(*Sacred Books of the East*, vol. XXV). Comparer *Gautama*, XXIII,
14 *sq.*, trad. G. Bühler, p. 285 (*Sacred Books of the East*, vol. II.).

et pourquoi ce même code punissait l'inceste d'un fils avec sa mère du bûcher pour les deux coupables [1].

D'après la même hypothèse, on peut comprendre la rigueur des châtiments prévus par la loi mosaïque pour certains délits sexuels. Par exemple, elle décrétait la mort contre la femme adultère et son amant [2]; une femme qui s'était laissé déflorer avant son mariage était lapidée [3]; une fille de prêtre dévergondée était livrée au feu [4]; et si un homme épousait une femme et sa fille, ils étaient tous trois également voués aux flammes [5].

De nombreuses tribus d'Afrique répriment les crimes sexuels par de rigoureuses pénalités; du moins le firent-elles jusqu'au jour où leurs conceptions morales se modifièrent au contact des Européens. Chez les Baganda de l'Afrique Centrale, « bien que la mort fût le châtiment normal d'un adultère, on faisait parfois grâce de la vie au coupable, et on le mettait à l'amende de deux

1. *Code of Hammurabi*, §§ 129, 157, C. H. W. Johns, *Babylonian and Assyrian Laws, Contracts and Letters* (Edimbourg, 1904), pp. 54-56 ; Robert W. Rogers, *Cuneiform Parallels to the Old Testament* (Oxford, préface datée 1911), pp. 427, 434.

2. *Deutéronome*, XXII, 22.

3. *Deutéronome*, XXII, 20 *sq.*

4. *Lévitique*, XXI, 9.

5. *Lévitique*, XX, 14.

femmes, s'il avait les moyens de les payer ;
néanmoins il devait subir une mutilation ; on
lui coupait un membre, ou on lui crevait un
œil, pour témoigner, par cette mutilation, qu'il
s'était rendu coupable d'un crime. Un esclave
convaincu d'adultère avec l'une des femmes de
son maître était invariablement mis à mort. On
contraignait les femmes par la torture à dénon-
cer leur séducteur ; si l'accusé niait la charge,
on demandait à la femme de décrire quelque
particularité individuelle, ou quelque indice
corporel facilement identifiable ; si l'homme
présentait bien cette particularité, il était soit
frappé d'une amende, soit mis à mort. Pour lui
arracher la vérité, on étendait parfois l'homme
qui niait une imputation, les quatre membres
liés à quatre pieux solidement enfoncés dans le
sol ; on lui ceignait les parties d'un morceau
d'écorce que l'on faisait brûler à petit feu. Dès
que la flamme touchait le corps, la douleur
devenait intolérable et l'inculpé s'avouait coupable pour échapper à la torture. Sur quoi on
lui infligeait la mort, ou une amende. Un adultère était traité d'assassin (*musi*), parce qu'on le
regardait comme un homme qui, de propos déli-
béré, avait résolu la mort du mari de sa complice ; soit directement, car il se rendait armé

chez la femme, et n'eût pas hésité à frapper si on l'avait surpris ; ou indirectement, en offensant les fétiches. Les hommes savaient que, s'ils étaient surpris en flagrant délit d'adultère, la mort serait leur châtiment à moins qu'ils ne fussent apparentés à l'individu lésé, auquel cas ce dernier pouvait accepter une, amende et se contenter de mutiler le coupable. La pire conséquence pour le mari trompé, c'était la colère de ses fétiches et de ses dieux, dont sa femme était la gardienne. Par son inconduite, celle-ci impliquait le mari dans leur déplaisir ; il se trouvait ainsi exposé à la malice du premier ennemi venu, et le danger augmentait pour lui en temps de guerre, parce que les dieux lui retiraient leur protection » [1].

Ainsi chez les Baganda l'adultère n'était pas regardé simplement comme un délit civil, mais comme un péché qui attirait la colère des dieux, non point comme on pourrait le croire, sur l'amant coupable, mais sur le mari lésé. De plus, les Baganda étaient répartis en un certain nombre de clans totémiques, et il était formellement interdit aux membres d'un clan quelconque de se marier ou d'avoir des rapports

1. J. Roscoe, *The Baganda* (Londres, 1911), pp. 261 *sq.*

sexuels entre eux. « Tout commerce sexuel avec
un membre du même clan (*kive*), ou avec une
femme du clan maternel, était puni de mort
pour les deux délinquants, parce qu'on estimait
qu'ils avaient attiré la colère du dieu sur le clan
tout entier [1]. »

Chez les Basoga, qui sont à l'est voisins des
Baganda, quand un homme avait rendu mère
une jeune fille, on traînait les deux coupables
jusqu'à la rivière Ntakoué ; là, on leur attachait
des pierres aux genoux et aux chevilles, et on
les jetait à l'eau en même temps qu'un mouton
expiatoire. Toutefois, cette pénalité rigoureuse
a été abolie et remplacée par une amende,
avant que la région ne tombât sous la tutelle
britannique [2]. Chez les Kavirondo, qui sont à
l'est, voisins des Basoga, « l'adultère de la femme
a été puni de mort jusqu'à une date très rapprochée, et la mort attendait également jeunes gens
et jeunes filles convaincus de fornication. On
tenait pour honteux chez une jeune fille, de n'être
pas vierge lors de son mariage [3] ». Chez les Nandi

1. J. Roscoe, *op. cit.*. p. 262. Quant aux clans totémiques, voir
id., pp. 133 *sqq.* Un seul clan (celui des Poissons à poumons),
faisait exception à la règle.

2. Sir Harry Johnston, *The Uganda Protectorate* (Londres,
1904), II, 719.

3. Sir Harry Johnston, *op. cit.*, II, 746 *sq.*

qui sont, au nord-est, voisins des Kavirondo,
« l'inceste, les rapports avec une belle-mère,
une belle-fille, une cousine, ou toute autre proche
parente, sont punis de ce qu'on appelle l'*injoket*.
Une foule s'assemble devant la maison du coupable ; on le traîne dehors, et le châtiment lui
est infligé par les femmes qui, toutes, jeunes et
vieilles, se dépouillent de leurs vêtements pour
la circonstance. L'homme est fouetté, ses maisons et ses récoltes saccagées, et on lui confisque
une partie de ses troupeaux [1] ». Chez les Barea,
tribu limitrophe de l'Abyssinie, quand une
femme vivant seule, fille ou veuve, se trouve
être enceinte, son père ou son frère l'étrangle,
et le même châtiment est réservé au séducteur ;
l'enfant issu de cette union illégale est tué à
coups de couteau. Cette coutume est rigoureusement pratiquée, sauf lorsque le séducteur est
noble et que sa complice est une vassale ; dans
ce cas, tous deux ont la vie sauve ; mais l'enfant
est mis à mort [2]. Chez les Beni Amir, autre
tribu de la même région, une jeune fille que l'on
reconnaît grosse est mise à mort par son frère,
quel que soit son rang social, et le séducteur est

---

1. A. C. Hollis, *The Nandi* (Oxford, 1909), p. 76.
2. Werner Munziger, *Ostafrikanische Studien* (Schaffhouse, 1864), p. 243.

tué, lui aussi, par son propre frère ; l'enfant est
également exterminé. Mais la loi n'est pas aussi
sévère pour une veuve ou une femme divorcée
qui ont fait un faux pas ; le séducteur est frappé
d'une simple amende ; pourtant, l'enfant est
enterré vif. Les Beni Amir ne tolèrent pas
l'existence d'un bâtard [1]. Chez les Anyanja de
l'Afrique Centrale britannique, l'adultère était
puni de noyade, ou de coups de flèches. Si la
femme coupable était l'épouse d'un chef, on la
liait à son amant et l'on jetait le couple dans une
rivière ; ou bien on les laissait, sur la place du
village, mourir de faim et d'inanition. Quiconque
s'était rendu coupable d'un viol était ligoté, lesté
de pierres, et précipité dans un lac [2]. Chez les
Awemba de la Rhodésie septentrionale, quand
un mari surprenait sa femme en flagrant délit,
il tuait à la fois l'infidèle et son complice. Et
nul ne pouvait l'inculper de meurtre ou d'homicide après une exécution de ce genre. Il se con-
tentait de rendre la lance ensanglantée au père
de la femme, lequel — suivant les paroles qu'il
prononçait lors de la cérémonie nuptiale : « Vous

1. Munziger, *op. cit.*, p. 322. Toutefois, on élève l'enfant d'une
esclave non mariée ; le père subvient à son entretien.

2. H. S. Stannus, « Notes on some Tribes of British Central
Africa », *Journal of the Anthropological Institute*, XL (1910),
p 290.

tuerez avec la lance celui qui convoite votre femme » — s'était interdit de tirer vengeance du meurtre de sa fille. Si le mari laissait la vie sauve aux coupables et que la femme retombât dans ses errements, les habitants du village décrétaient d'eux-mêmes le châtiment. On entraînait hors du village l'épouse infidèle et son complice, et on les empalait sur des pieux acérés, en butte aux sarcasmes et aux huées de l'assistance qui ne cessait ses plaisanteries qu'au moment où la mort avait arrêté les contorsions des patients[1]. « Les Hottentots, dit un ancien auteur, ne permettent point le mariage entre cousins au premier ou au second degré. Ils ont une loi traditionnelle qui ordonne que l'homme et la femme ainsi apparentés, et qui seraient convaincus de s'être unis par mariage, ou par fornication, soient assommés à coups de bâtons. Cette loi, dit-on, est en vigueur depuis la première génération, et ils l'appliquent aussitôt que la preuve du délit est acquise, sans nul égard à la fortune, au rang social, ou aux liens de parenté[2]. »

1. Cullen Gouldsbury et Hubert Sheane, *The great Plateau of Northern Rhodesia* (Londres, 1911), p. 57,

2. Peter Kolben, *The Present State of the Cape of Good Hope*, 2ᵉ édit. (Londres, 1738), I, 157. On trouvera d'autres exemples de peines capitales infligées en Afrique pour des délits d'immo-

Nous avons vu qu'aux Indes Orientales on
regarde souvent les crimes sexuels, en particulier l'inceste, l'adultère, et la fornication, avec
un profond déplaisir, parce qu'ils sont censés
attirer sur la communauté la colère des puissances supérieures. Il est donc naturel que de
telles offenses soient traitées comme des crimes
de haute trahison, et que les délinquants soient
punis de mort. Un châtiment répandu consiste
à les noyer. Par exemple, quand on a découvert, chez les Kubus, tribu primitive et auto-
chtone de Sumatra, un cas d'inceste entre parent
et enfant, ou entre frère et sœur, on enferme les
coupables dans une grande nasse à poisson, en
rotin ou en bambou, et on les immerge dans un
creux profond de la rivière. Toutefois, on ne les
ligote point ; on va même jusqu'à les pourvoir
d'un couteau en fer blanc, et s'ils réussissent à
se tailler une ouverture dans la nasse, à émer-
ger à travers l'eau bouillonnante, et à gagner la
rive à la nage, on leur fait grâce de la vie [1]. Dans
l'île de Bâli, l'inceste et l'adultère sont punis de
noyade ; on coud les criminels dans un sac à

---

ralité sexuelle dans A. H. Post, *Afrikanische Jurisprudenz* (Olden-
burg et Leipzig, 1887), II, 69 *sq.*

1. G. J. van Dongen, « De Koeboes », *Bijdragen tot de Taal-
Land- en Volkenkunde van Nederlandsch-Indië,* LXIII (1910), p. 293.

demi rempli de pierres et de riz, et on les jette à
la mer. Pareil sort attend la femme qui épouse
un homme d'une caste inférieure ; parfois, elle
subit une mort plus horrible encore, car elle
est brûlée vive. Ces deux modes d'exécution
peuvent être adoptés pour éviter l'effusion du
sang des coupables ; car à Bâli, la façon ordinaire de dépêcher un criminel consiste à le
frapper au cœur d'un coup de *krish*, sabre
recourbé malais[1]. Dans l'île de Célèbes, comme
on l'a vu plus haut, le sang des individus ayant
commis certains crimes sexuels est supposé
devoir stériliser le sol sur lequel il tombe[2] ; si
bien qu'il est naturel, en ce cas, de recourir à
un genre de supplice tel que l'immersion ou le
bûcher. Dans le Mamoedjoe, district de la côte
ouest de Célèbes, l'inceste entre père et fille ou
entre frère et sœur est puni de la manière suivante : on ligote les coupables, pieds et poings,
on les leste de pierres, et on les jette à la mer[3].
Chez les Bouginais du sud de Célèbes les cou-

1. R. van Eck, « Schetsen van het eiland Bali », *Tijdschrift
voor Nederlandsch Indië*, Nieuwe Serie, VIII (1879), pp. 370 *sq.* ;
Julius Jacobs, *Eenigen Tijd onder de Baliërs* (Batavia, 1883).
p. 126.

2. Voir plus haut, p. 95 *sq.*

3. Hoorweg, « Nota bevattende eenige gegevens betreffende
het landschap Mamoedjoe », *Tijdschrift voor Indische Taal- Land-
en Volkenkunde*, LXIII (1911), p. 95,

pables de rang princier sont placés sur un radeau de bambóu et abandonnés à la dérive jusqu'à la mer[1]. Dans le Semendo, district de Sumatra, le châtiment commun à l'inceste et au meurtre consistait à faire entérrer vifs les crimi- nels. Avant de leur faire subir leur sort, l'usage était de leur offrir un festin, et chacune des familles du village tuait un poulet pour la cir- constance. Puis, toute la population escortait les coupables jusqu'à leur tombe, située hors du village et demeurait jusqu'à ce que la terre les eût recouverts. En 1864, au village de Tandjong- Imam, ce châtiment fut infligé à un homme et à la sœur de sa femme défunte, entre qui on avait surpris une liaison. « Grandes furent mon émo- tion et mon indignation, écrit le gouverneur hollandais apitoyé, lorsque je me trouvai auprès de la tombe de ces malheureux, à côté des chefs indignes qui avaient siégé sur le banc du tri- bunal durant l'absence forcée de Pangeran Anom, et avaient prononcé la sentence. Je leur dis tout franc que des juges qui édictaient une peine capitale sur des raisons aussi insigni- fiantes — (la requête de la famille lésée) — mé- ritaient eux-mêmes d'être pendus. » Le gouver-

1. G. A. Wilken, *Verspreide Geschriften* (La Haye, 1912), II, 481.

nement hollandais a promulgué depuis cette
époque des ordres formels pour que nul ne soit
enterré vif, et a menacé de mort tout individu
qui aurait la témérité de passer outre [1]. Le même
châtiment pour inceste est, ou était, infligé par
les Pasemhers, autre tribu de Sumatra ; mais,
plus humains que les indigènes de Semendo,
ceux-ci accordaient du moins aux coupables une
chance de vie. On attachait dos à dos les criminels et on les enterrait dans un trou profond ;
mais la bouche de chacun d'eux communiquait
avec l'air extérieur au moyen d'une sarbacane
de bambou. Si, à l'ouverture de la tombe, au bout
d'une semaine, les malheureux se trouvaient
avoir survécu aux transes d'une agonie prolon-
gée et pire que la mort, on leur laissait la vie [2].
Toutefois, cette fin épouvantable n'était point
la pire qui pût échoir à qui enfreignait les règles
de la morale sexuelle à Sumatra. Les Battas ou
Bataks du centre de Sumatra condamnaient un
adultère à être tué et mangé ; strictement parlant,
on aurait dû le tuer d'abord à coups de lance,
et le manger ensuite ; mais comme le mari

1. J.-S.-G. Gramberg. « Schets der Kesam, Semendo, Maka-
kauw en Blalauw », *Tijdschrift voor Indische Taal- Land- en
Volkenkunde*, xv (1866), pp. 456-458. Comparer G.-G. Batten,
Glimpses of the Eastern Archipelago (Singapour, 1894), pp. 105 *sq.*
2. G.-A. Wilken, *Verspreide Geschriften*, II, 481 *sq.*

trompé et ses amis étaient d'ordinaire juges et bourreaux, il arrivait parfois, le ressentiment étant trop violent pour permettre d'observer à la lettre la loi, que l'on découpât la chair sur l'homme encore vivant, et qu'on le mangeât avant de songer à mettre, d'un coup de lance, un terme aux tortures du supplicié. Néanmoins, le coupable échappait parfois à la mort en s'acquittant d'une amende, à condition toutefois que sa complice ne fût point une femme de chef, auquel cas le coupable était immanquablement tué et mangé[1].

Certains méfaits ou actes, même insignifiants et qui nous semblent parfaitement inoffensifs, peuvent attirer un châtiment approprié sur la tête des individus irréfléchis, imprudents, ou étourdis de l'Archipel Indien. Nous lisons, par exemple, que, dans l'île de Lombok, « les hommes sont extrêmement jaloux et très stricts à l'égard de leurs femmes. Une femme mariée ne saurait accepter un cigare ni une feuille de *sirih* des mains d'un étranger sans encourir la peine capitale. J'appris qu'il y a quelques années l'un des colons anglais cohabitait avec une Bâlinaise de bonne famille — situation que les indi-

---

1. Franz Junghuhn, *Die Battaländer auf Sumatra* (Berlin, 1847), II, 147-156 *sq*.

gènes regardaient comme parfaitement honorable. Au cours de quelque fête, la jeune fille
enfreignit la loi en acceptant une fleur ou quelque autre bagatelle d'un étranger. Le fait parvint
aux oreilles du rajah (dont l'une des femmes était
parente de la coupable), qui envoya immédiatement à l'Anglais l'ordre de lui livrer sa maîtresse
pour être tuée à coups de *krish*. C'est en vain que
celui-ci pria et implora, et qu'il offrit de payer
toute amende qu'il plairait au rajah de fixer ;
finalement l'Anglais refusa de livrer la jeune fille
à moins d'y être contraint. Le rajah ne voulut
point avoir recours à la violence, car il estimait
sans doute agir autant dans l'intérêt du colon
anglais que dans le sien propre ; il parut donc
abandonner l'affaire. Mais quelque temps après,
il envoya chez l'Anglais quelqu'un de sa suite
qui fit demander la jeune femme à la porte, et
avec ces mots : « Le rajah vous envoie ceci », il
la frappa au cœur. Des actes d'infidélité plus
graves sont punis plus cruellement encore. On
ligote dos à dos la femme et son amant, et on
les jette à la mer où se trouvent toujours quelques
crocodiles à l'affût d'une proie à dévorer. Une
exécution de ce genre eut lieu tandis que j'habi-
tais Ampanam, mais je m'enfonçai bien loin
dans la campagne pour éviter d'être témoin de

ce spectacle jusqu'à ce que le supplice fût consommé[1]. »

Les populations malaises de l'Archipel Indien
qui nous ont fourni les exemples précédents,
ayant atteint un degré de culture assez avancé, on
serait tenté de croire que l'extrême sévérité avec
laquelle sont réprimées les infractions à leur code
de morale sexuelle provient d'une délicatesse
excessive de sentiment plutôt que d'une superstition grossière ; et, sans doute, il peut arriver
qu'une extrême susceptibilité sur le point d'honneur, à quoi les Malais sont fort sensibles, contribue dans bien des cas à aiguiser le glaive de
la justice et à accuser la violence du corps.
Cependant, sous cette délicatesse de sentiment
paraît exister une base profonde de superstition,
comme on peut s'en rendre compte par les résultats extraordinaires et désastreux qu'entraîne
— dans l'opinion de ces populations — tout
crime sexuel, non point tant pour les criminels
eux-mêmes, que pour tout le règne de la nature ;
il précipite des nuées des pluies diluviennes,
jusqu'à ce que les moissons pourrissent dans
les champs ; il ébranle la terre ferme sous les
pieds ; il fait jaillir en flammes les feux du vol-

1. A. R. Wallace, *The Malay Archipelago*, 6ᵉ édit. (Londres,
1887), pp. 173 *sq.*

can qui couve, si bien que le ciel est obscurci
en plein jour par un sombre dais de cendres, et
illuminé la nuit par la triste lueur de la lave en
fusion que crache la fournaise souterraine [1]. Et
si tant est que l'on puisse invoquer un raffinement
de sensibilité pour expliquer la sévérité ultra-
puritaine du code malais en matières sexuelles,
aucune explication semblable ne saurait s'appliquer au sentiment d'horreur que pareils délits
suscitent chez les peuplades aborigènes de l'Australie, la plus barbare et la moins raffinée sans
doute de toutes les races humaines sur lesquelles
nous possédions quelques renseignements pré-
cis. Ces sauvages primitifs traitaient avec une
stricte rigueur toute effraction du réseau compliqué de prohibitions où se débattaient les deux
sexes, par tout le continent australien, avant
l'établissement de la domination anglaise. La
communauté entière d'une tribu ou d'une nation
était ordinairement subdivisée en un certain
nombre de groupes minuscules que l'on a coutume de nommer classes, ou clans, selon le principe d'après lequel ils se trouvent être constitués.
Nul homme ne pouvait épouser une femme de son
clan ou de sa classe ; et, dans la plupart de ces

1. Voir plus haut, pp. 84-101 *passim*.

tribus, la liberté du choix était encore restreinte
par des lois complexes de mariage et de descen-
dance qui lui interdisaient de prendre femme
dans de nombreuses autres subdivisions de la
tribu ; parfois, ces lois l'obligeaient à s'en chercher une exclusivement en dehors de sa tribu ;
et la pénalité courante pour toute violation de
ces règles était la mort. Le délinquant était heureux quand il gardait la vie sauve et pouvait
échapper, plus ou moins estropié par quelques
coups de lance. Un voyageur qui a bien connu
les indigènes de Victoria avant qu'ils ne fussent
contaminés, puis anéantis, au contact de la civilisation européenne, nous apprend que « ni
mariage, ni fiançailles, ne sont tolérés sans
l'approbation des chefs des deux partis, qui
s'assurent d'abord qu'il n'existe aucun lien de
parenté « charnelle » entre eux ; et, même en
ce cas, l'autorisation doit être rétribuée par
quelques présents. Les lois du mariage sont si
strictement appliquées que, si l'on remarque le
moindre signe d'affection ou de tendresse entre
deux individus « de la même chair », les frères
ou les parents mâles de la femme la fustigent
vertement ; l'homme est traduit devant le chef
et accusé de vouloir « retomber dans la même
chair », et il est sévèrement admonesté par sa

tribu. S'il persiste, et s'enfuit en enlevant l'objet de son affection, on le bat et on lui fait des entailles sur toute la tête ; si la femme a été consentante, on l'assomme à moitié. Si elle succombe aux suites de ce traitement, on venge sa mort par une nouvelle bastonnade qu'administrent à l'homme les parents de la morte. On n'exerce pas d'autre vengeance, car ce châtiment est légal. Un enfant né dans ces conditions est retiré à ses parents, et confié aux soins de sa grand' mère qui est obligée de l'élever, car personne d'autre ne veut l'adopter. Il est flatteur pour la morale et les lois de ces indigènes de noter que l'illégitimité est rare ; elle est regardée avec un tel sentiment d'horreur que la mère est toujours vigoureusement battue par ses parents, parfois même mise à mort et brûlée. Il arrive que l'enfant est tué et brûlé en même temps qu'elle. Le père est également puni avec la plus grande sévérité, et souvent même on l'extermine. S'il survit au châtiment qui lui est infligé, il est soigneusement tenu à distance par les parents de la femme, et toute tentative de conciliation au moyen de présents est repoussée ; ses cadeaux sont livrés aux flammes. Depuis la présence des Européens parmi eux, les indigènes ont parfois négligé leurs admirables lois du mariage,

et c'est à cette négligence qu'ils attribuent la
débilité croissante et la mauvaise santé de leurs
enfants[1]. »

De même, dans la tribu des Wakelburas, à
l'est de Queensland, la loi était extrêmement
dure aux relations illégitimes ou aux enlève-
ments entre personnes trop proches parentes.
Les intéressés pouvaient être, par exemple, de
ceux que nous appelons cousins à la fois du côté
paternel et du côté maternel, aussi bien que de
ceux appartenant à une classe interdite. Si un
de ces individus enlevait une femme fiancée à un
autre, il se voyait poursuivi non seulement par
les parents mâles de la femme et de son fiancé,
mais encore par les hommes de sa propre subdivision tribale qu'il avait offensés en violant
la loi nuptiale ; et partout où on le retrouvait,
il avait à se défendre contre tous. Ses propres
frères le défiaient au combat en lui lançant des
boomerangs ou autres armes ; et s'il se déro-
bait à la provocation, ils se retournaient contre
la femme et l'estropiaient ou la tuaient de leurs
armes, à moins qu'elle ne pût s'échapper dans
la brousse. Bien plus, la propre mère de la
femme la criblait de coups de couteau, allant

1. James Dawson, *Australian Aborigines* (Melbourne, Sydney
et Adelaïde, 1881), p. 28.

parfois jusqu'à la tuer de ses mains. Tôt ou
tard, le ravisseur devait engager un combat sin-
gulier avec l'homme qu'il avait offensé. Tous
deux étaient armés du bouclier, de la lance,
du boomerang, et du couteau. Quand ils avaient
épuisé leurs projectiles, ils en venaient au corps
à corps avec leurs couteaux. Un cercle compact
de nègres se formait généralement autour d'eux
pour veiller à ce que la lutte fût loyale. Dans
ce combat, l'individu qui avait violé la loi du
mariage avait toujours le dessous, car alors
même qu'il triomphait de son adversaire, les
assistants et ses propres frères l'attaquaient
et le lacéraient de leurs couteaux. Des coups
fatals mettaient fin parfois à ces luttes ; mais le
plus souvent, semble-t-il, les spectateurs inter-
venaient et arrachaient les armes aux deux combattants avant qu'ils en vinssent à cette extrémité. De toute façon, la femme qui s'était enfuie
était criblée de coups de couteau ; et, si elle
survivait à cette épreuve, on la rendait à l'homme
qu'elle avait abandonné[1].

Parmi les tribus des régions centrales de la
partie nord-ouest de Queensland, quand un
homme s'enfuyait avec une femme qu'il aurait

1. A. W. Howitt, *Natives Tribes of South-East Australia*
(Londres, 1904), pp. 222-224.

pu épouser légalement, mais qui lui était refu-
sée pour quelque raison par le conseil de la tribu,
il lui fallait, à son retour au camp, passer par
les baguettes de la communauté lésée, qui lui
déchiquetait les fesses et les épaules avec des
pointes de couteaux, lui rossait la tête et les
membres à coups de bâtons et de boomerangs,
et lui piquait la partie charnue des cuisses avec
des lances, en prenant soin toutefois de ne pas
lui infliger de blessures fatales, de crainte de
s'exposer à la vindicte du sang. Mais si la femme
avec qui l'homme avait fui était d'une classe
dans laquelle il ne pouvait contracter mariage,
les deux coupables étaient mis à mort, les parents
des deux côtés donnant leur consentement tacite
à cette exécution [1]. Dans la tribu des Yuins, (Nouvelle-Galles du Sud), quand un individu enlevait une femme de sa propre subdivision tribale,
tous les hommes se mettaient à sa poursuite ;
et s'il refusait de rendre la femme, le sorcier
de l'endroit disait en général aux gens : « Cet
homme a fort mal agi, il faut le tuer » ; sur quoi
l'un d'eux lui enfonçait sa lance dans le corps,
sans que la famille intervînt, de crainte de par-

---

1. Walter E. Roth, *Ethnological Studies among the North-West-
Central Queensland Aborigines* (Brisbane et Londres, 1897),
p. 181.

tager son sort [1]. Le même châtiment était infligé
pour le même délit par la tribu Wotjobaluk du
nord-ouest de Victoria ; mais sa voisine à l'ouest,
la tribu Mukjarawaint, non contente de tuer le
criminel, lui enlevait la chair des cuisses et des
bras, la faisait rôtir et s'en repaissait ; le frère du
coupable prenait part à ce festin de cannibales.
Quant au reste du corps, on le hachait menu
et on l'abandonnait sur un morceau de bois. La
même coutume, paraît-il, était observée par la
tribu des Jupagalk [2]. Dans de nombreuses tribus
d'Australie, les individus qui portent le même
nom générique n'ont pas le droit de s'épouser.
Tout mariage entre eux est considéré comme un
inceste et rigoureusement réprimé. Par exemple
« l'union d'un Boorong avec une Boorong est,
pour ces indigènes, une union entre frère et
sœur, bien qu'il puisse ne point y avoir de consanguinité véritable entre les deux ; une union
de cette nature est regardée avec horreur, et les
transgresseurs sont sévèrement punis et séparés ;
s'il y a récidive, tous deux sont mis à mort [3] ».

1. A. W. Howitt, *Native Tribes of South-East Australia*, pp. 264-
266.

2. *Ibid.*, pp. 246 *sq.*

3. Mᵐᵉ Daisy M. Bates, « The Marriage Laws and some Customs of the West Australian Aborigines », *Victorian Geographi-
cal Journal*, xxiii-xxiv (1905-1906), p. 42. L'assertion dans le

De l'autre côté du continent, les Kamilaroï de la
Nouvelle-Galles du Sud infligeaient de même un
châtiment mérité aux coupables qui persistaient
à vouloir s'épouser au mépris de la loi de la
tribu ; les parents mâles de l'homme le mettaient
à mort, les parentes de la femme en faisaient
autant de cette dernière. Les Kamilaroï de la
rivière Gwydir allaient plus loin ; ils tuaient
tout individu qui se risquait à parler seulement,
ou à échanger la moindre communication avec
sa belle-mère [1], car l'une des lois les plus strictes
de l'étiquette chez les sauvages est celle qui interdit toute relation sociale directe entre un homme
et la mère de sa femme. Cette loi a reçu diverses
explications [2], mais un corps imposant de témoignages mène à la conclusion que cet usage de

texte est d'un colon qui avait vécu pendant vingt ans dans le
district du Plateau, à l'intérieur de Roeburne.

1. A. W. Howitt, *Natives Tribes of South-East Australia*, p. 208.
De même, dans les tribus de la rivière du Chasseur, « un homme
n'a pas le droit de parler à la mère de sa femme, mais peut communiquer avec elle par l'intermédiaire d'une tierce personne.
Jadis, lui parler entraînait la mort ; mais aujourd'hui le coupable
n'est que réprimandé sévèrement et doit quitter le camp pendant
un certain temps. » (*Op. cit.*, p. 267.)

2. Cf. par exemple E. B. Tylor, « On a method of investiga-
ting the Development of Institutions », *Journal of the Anthropological Institute*, xviii (1889), pp. 246-248 ; Salomon Reinach,
« Le Gendre et la Belle-Mère », *L'Anthropologie*, xxii, (1911),
pp. 649-662 ; id., *Cultes, Mythes et Religions*, iv (Paris, 1912),
pp. 130-147.

l'évitement mutuel est simplement une précaution destinée à empêcher des rapports immoraux
entre les deux personnes en cause. Un bref aperçu
de la question trouvera donc ici sa place naturelle, car, selon toute apparence, cet usage, bien
qu'il puisse être salutaire et bienfaisant en pratique, a pour origine une pure superstition. Mais
avant de justifier cette opinion, il est bon, pour
renseigner les personnes qui connaissent mal les
détails de l'étiquette sauvage, d'illustrer ces pratiques par quelques exemples[1].

Parlant des Boloki, tribu bantou du Congo
supérieur, un missionnaire expérimenté, le révérend John H. Weeks, écrit ce qui suit. « Peut-
être est-ce là l'endroit le plus propice pour faire
quelques remarques sur la belle-mère. Elle et
son gendre n'ont point le droit de se regarder en
face. J'ai souvent entendu dire : « Un tel, votre
belle-mère arrive », et celui auquel s'adressaient
ces mots se précipitait dans ma maison et s'y
cachait jusqu'à ce que la mère de sa femme fût
passée. Ils peuvent s'asseoir à quelque distance
l'un de l'autre, mais en se tournant le dos, et

---

1. Dans mon *Totemism and Exogamy* (cf. Index, mots « Avoi-
dance », et « Mother-in-law»), on trouvera une collection de ces
exemples. Je m'abstiens en général, dans ce qui suit ici, de citer
des exemples déjà donnés par moi auparavant.

discuter ainsi de leurs affaires, si besoin est.
Bokilo désigne la belle-mère, la belle-fille, le beau-
frère, le beau-père, la sœur de la belle-mère, le
frère du beau-père, la femme du beau-frère, et,
en fait, tout autre parent par alliance. Le sub-
stantif *bokilo* dérive de *kila* : interdire, prohiber,
rendre tabou, et indique que les individus de
parenté *bokilo* ne sauraient avoir entre eux
aucun rapport intime, car il serait tenu pour
incestueux. Et, dans l'opinion de ces indigènes,
il est tout aussi blâmable pour une belle-fille
de parler au père de son mari ou de le regarder,
qu'il l'est pour un gendre de regarder la mère
de sa femme ou de lui parler. Certains m'ont
dit que cela avait pour but d'empêcher toute possibilité de cohabitation. « Car quelqu'un qu'on
ne regarde jamais, ne provoque jamais le désir. »
D'autres ont dit : « La raison, voyez-vous, c'est
que ma femme est issue d'elle. » J'incline fortement à croire que la première de ces raisons
est la bonne[1]. »

D'après cette assertion, il appert qu'un homme
et la mère de sa femme ne sont pas les seules

---

1. John H. Weeks, *Among Congo Cannibals* (Londres, 1913),
pp. 133 *sq.* Comparer *id.*, « Anthropological Notes on the Bangala of the Upper Congo », *Journal of the Royal Anthropological Institute*, XL (1910), pp. 367 *sq.*

personnes auxquelles il soit prescrit de s'éviter
en société ; la même règle sociale s'applique
à un homme et à la femme de son fils, et à de
nombreux individus de sexe opposé qui sont
alliés par un mariage ; et en ce qui concerne
ces individus, on tient pour incestueux tout
commerce intime entre eux. Nous voyons donc,
et il convient de ne pas oublier ce point, que la
règle d'évitement social qui pèse sur un homme
et la mère de sa femme n'est nullement une
exception, et ne saurait être examinée indépendamment d'un nombre considérable d'autres
lois d'évitement observées par d'autres personnes. Cette règle paraît aussi généralement
appliquée dans les coutumes des Batamba,
tribu bantou de Busoga, région au nord du lac
Victoria Nyanza. Un missionnaire catholique
qui a évangélisé pendant neuf ans chez les Batamba décrit ainsi leur façon d'agir :

« Il existe une coutume fort étrange qu'il
convient d'examiner. Si un fils ou une fille se
marient, et qu'ils soient d'âge adulte, du jour où
leur fils ou leur fille sont mariés, la mère, le père
des deux conjoints, leurs frères et leurs sœurs
n'ont plus le droit de coucher sous le même
toit qu'eux. Si un homme se marie, il habite
une maison en propre et si ses parents ou ses

frères et sœurs demeurent avec lui ou elle, ils
doivent avoir une maison séparée. Il leur est
loisible d'entrer et de faire visite à leur enfant,
ou frère, mais ils ne peuvent coucher chez eux.
En voici la raison : on dit qu'autrement une
maladie en résulterait, qui s'appelle *endivade
ya buko,* littéralement : maladie de la parenté.
Cette maladie se nomme *bujugumiro*, tremblement, du verbe *kujugumira*, frissonner ou trembler. On ne peut leur ôter cette idée de la tête.
Et nul raisonnement, nulle démonstration ne
peut les persuader du contraire. J'ai soigné de
nombreux cas de cette maladie, et je n'ai jamais
vu personne en réchapper.

« De même, le père et la mère des mariés,
leurs oncles et tantes, ne peuvent pas davantage
leur donner la main ni les toucher en aucune
façon, sans quoi la même maladie, le *bujugumiro,* s'ensuivra. Naturellement, ils se compromettent encore bien moins entre eux, pour un
motif analogue. Et jamais on n'apprend qu'un
frère et une sœur, un oncle et sa nièce, une nièce
et son oncle, se soient sérieusement compromis.
Ils redoutent tellement la maladie qui doit s'ensuivre que, comme me l'affirme un homme de
plus de soixante-dix ans, il n'a jamais entendu
citer pareil trait d'inconduite. Les gens disent :

Jekiyinzika, il est impossible que pareille chose se produise, et l'on est assurément frappé du souci qu'ils en prennent. La maladie qui en résulte n'est point pour eux un châtiment des dieux, mais, disent-ils : *Endwada ejja gokka*, la maladie vient toute seule [1]. »

De ce récit, il ressort que chez les Batamba les règles de l'évitement social s'observent entre parents consanguins de sexe opposé, tels que frères et sœurs, oncles et nièces, tantes et neveux, aussi bien qu'entre parents par alliance. C'est une nouvelle extension de la règle de l'évitement social, dont il importe de se souvenir. Nous y reviendrons tout à l'heure. Il convient également de noter, pour notre thèse, que les dérogations à l'usage sont censées être punies par un frisson ou tremblement qui, bien qu'il soit sans doute uniquement causé par l'imagination des coupables, semble néanmoins avoir toujours une issue fatale. Nous savons, de plus, que la simple appréhension de cette maladie agit comme un frein efficace sur les rapports illicites entre individus unis par les liens du sang ou du mariage.

---

1. Le Père M. A. Condon, « Contribution to the Ethnography of the Basoga-Batamba, Uganda Protectorate », *Anthropos*, VI (1911), pp. 377 *sq.*

Chez les Akamba, tribu bantou de l'Afrique orientale britannique, « quand un gendre rencontre sa belle-mère en chemin, tous deux se cachent le visage et passent, à couvert du buisson, de chaque côté du sentier. Si un homme ayant enfreint cette coutume voulait, à un moment donné, prendre une autre femme, ce serait pour lui 'un stigmate sérieux, et tous parents se refuseraient à entrer en relations avec lui. Bien mieux : si une femme apprenait que son mari s'est arrêté pour parler à sa mère, elle le quitterait. Si un homme a besoin de discuter affaires avec sa belle-mère, il se rend de nuit à sa hutte, et elle lui répond de derrière la cloison. Si une jeune fille pubère rencontre son père en chemin, elle se cache à son passage ; et elle ne peut jamais aller s'asseoir auprès de lui dans le village, jusqu'au jour où il lui apprend qu'il a pris ses dispositions pour la marier à un homme déterminé. Après le mariage, elle n'évite son père en aucune occasion [1]. » Ainsi, chez les Akamba, un homme doit éviter sa fille nubile mais non mariée, tout comme il évite la mère de sa femme ; mais l'usage de l'évitement cesse dès le mariage de la jeune fille. Cette extension

1. C. W. Hobley, *Ethnology of Akamba and other East African Tribes* (Cambridge, 1910), pp. 103-104.

de la règle et sa limite à la durée de la période
où la jeune fille est nubile mais non mariée,
sont des plus significatives, et indiquent clairement la crainte de rapports illicites entre père
et fille. Nous reviendrons tout à l'heure sur ce
point.

Chez les Bakerewe, peuplade bantou qui
habite une île vaste et fertile du lac Victoria
Nyanza, « la femme, qu'elle soit la première
(omokura), ou la dernière (omwenga), doit toujours appartenir à une famille autre que celle
du mari, car on ne se marie point entre parents.
Jamais dans aucun cas le nouveau ménage ne
s'établira dans le voisinage immédiat des parents
de l'épouse. C'est que le gendre (omukwerima)
et sa belle-mère (mazara), d'après les coutumes,
ne peuvent ni se voir, ni se regarder ; et pour
n'être pas exposés à violer, même involontaire-
ment, une prescription à laquelle tout le monde
attache une grave importance, on s'éloigne le
plus possible [1]. »

Dans quelques tribus de l'Afrique orientale
qui reconnaissaient jadis la suzeraineté du sul-
tan de Zanzibar, avant qu'un jeune couple eût
des enfants, il ne lui était permis de voir ni

1. R. P. Eugène Hurel, « Religion et vie domestique des
Bakerewe », *Anthropos*, VI, (1911), p. 287.

beau-père ni belle-mère. Les jeunes gens devaient
faire un long détour pour les éviter. Si la chose
était impossible, ils devaient se jeter à terre et
se cacher le visage jusqu'à ce que le beau-père
ou la belle-mère fussent passés [1].

Chez les Anyanja, peuplade bantou de
l'Afrique centrale britannique, « un homme ne
parlait jamais à sa belle-mère avant la naissance
de son premier fils. Un mari ni sa femme ne
dînent jamais en compagnie de leur belle-mère
ou de leur beau-père avant la naissance de leur
premier enfant. Voir manger sa belle-mère,
constitue une insulte pour laquelle des dom-
mages sont exigibles. Si un gendre croise sa
belle-mère en chemin sans la reconnaître, elle
se laisse choir à terre pour l'avertir, et l'homme
s'enfuit. Un beau-père se signale de même à sa
belle-fille. Suivant leur conception, un ménage
ne mérite pas l'attention avant d'avoir prouvé
qu'il peut avoir des enfants » [2]. Toutefois, si une
femme est stérile pendant trois ans, on cesse
d'observer les règles d'évitement entre le jeune

1. R.-P. Picarda, « Autour du Mandera, Notes sur l'Ouzigoua,
l'Oukwéré et l'Oudoé (Zanquebar) », *Les Missions Catholiques*,
xviii (1886), p. 286.
2. H. S. Stannus, « Notes on Some Tribes of British Central
Africa », *Journal of the Royal Anthropological Institute*, xl (1910),
p. 307.

couple et ses beaux-parents[1]. La coutume de
l'évitement chez ces peuples s'associe donc, jusqu'à un certain point, à la fertilité de la femme.
De même, chez les Awemba, tribu bantou du
nord de la Rhodésie, « si un jeune homme voit
approcher sa belle-mère, il doit se réfugier dans
un buisson et lui laisser le passage libre ; si elle
se présente brusquement, il doit tenir les yeux
fixés à terre ; et ils ne peuvent se parler qu'après
qu'un enfant lui est né[2] ».

Chez les Angoni, autre tribu bantou de l'A-
frique centrale britannique, ce serait un grave
manquement à l'étiquette pour un homme
d'entrer chez son gendre ; il peut s'approcher à
dix pas de sa porte, mais pas davantage. Une
femme n'a même pas le droit de s'approcher de
la maison de son gendre, et elle n'a jamais le
droit de lui parler. S'ils se rencontrent accidentellement en chemin, le gendre s'efface et fait
un détour pour éviter de se trouver face à face
avec sa belle-mère[3]. Nous voyons donc qu'ici
un homme évite son gendre aussi bien que sa
belle-mère, mais moins strictement toutefois.

1. H. S. Stannus, op. cit., p. 309.

2. Cullen Gouldsbury et Hubert Sheane, *The Great Plateau of
Northern Rhodesia* (Londres, 1911), p. 259.

3. « The Angoni-Zulus » *British Central Africa Gazette*, n° 86,
30 avril 1898, p. 2.

Chez les Thonga, tribu bantou des environs
de la baie de Delagoa, quand un homme rencontre sa belle-mère, ou la sœur de celle-ci, il
s'écarte de la route, entre en forêt sur sa droite
et s'y assied. Elle fait de même, puis ils se
saluent selon l'usage en battant des mains.
Après quoi, ils peuvent se parler. Quand un
homme est dans une hutte, sa belle-mère ne se
permet pas d'y entrer ; elle doit s'asseoir à l'extérieur sans le voir. Une fois assise, elle peut le
saluer des mots : « Bonjour, fils d'Un tel ». Mais
elle n'oserait prononcer son nom. Toutefois
quand un homme est marié depuis plusieurs
années, sa belle-mère le craint moins ; elle ira
même jusqu'à pénétrer dans sa hutte pour lui
parler. Mais chez les Thonga la femme qu'un
homme est contraint par l'usage d'éviter le plus
strictement, n'est point la mère de sa femme,
mais l'épouse du frère de sa femme. S'ils se
croisent en chemin, ils s'évitent soigneusement ;
lui, se rangera de côté, et elle se hâtera de passer, tandis que ses compagnes, si elle en a,
s'arrêteront pour parler au beau-frère. Elle n'en-
trera pas dans le même bateau que lui, si elle
peut l'éviter, pour traverser la rivière. Elle ne
mangera point dans le même plat. S'il lui parle,
c'est avec réserve et embarras. Lui, n'entre

point dans la hutte de sa belle-sœur, mais s'accroupit à la porte et lui parle d'une voix tremblante d'émotion. S'il n'y a personne d'autre pour lui apporter à manger, elle le fera, mais à contre-cœur, et après avoir surveillé la hutte pour y porter la nourriture pendant qu'il en est absent. Non point qu'il y ait entre eux quelque antipathie, mais parce qu'ils éprouvent une crainte mutuelle, et mystérieuse[1]. Toutefois, chez les Thonga les règles de l'évitement entre parents par alliance perdent de leur rigueur avec le temps. Les relations tendues entre un homme et la mère de sa femme, en particulier, se font plus amicales. Il se met à l'appeler « mère », et elle l'appelle « mon fils ». Ce changement va même en certains cas jusqu'à autoriser l'homme à venir habiter le village de ses beaux-parents, en particulier s'il y a des enfants, et que ceux-ci sont grands.[2]

Autre exemple : chez les Ovambo, peuplade bantou de l'Afrique allemande du sud-ouest, un homme ne saurait regarder sa future belle-mère en lui parlant ; il doit tenir les yeux con-

1. Henri A. Junod, Les Ba-Ronga (Neuchâtel, 1898), pp. 79 sq. ; id., The Life of a South African Tribe (Neuchâtel, 1912-1913), I, 230-232.

2. Ibid., I, 239.

stamment fixés sur le sol. Dans certains cas,
l'évitement est encore plus rigoureux. Si les deux
intéressés se rencontrent à l'improviste, ils se
séparent immédiatement l'un de l'autre. Mais
après que le mariage a été célébré, les relations
sociales entre belle-mère et gendre sont facilitées
des deux côtés. [1]

Jusqu'ici nos exemples d'évitement cérémonial
entre belle-mère et gendre ont été empruntés
aux peuplades bantou. Mais en Afrique, cet
usage, bien qu'apparemment beaucoup plus
général et plus nettement marqué chez les tribus
de race bantou, ne reste pas confiné à elles. Chez
les Masaï de l'Afrique orientale britannique,
« les belles-mères et les gendres doivent s'éviter
autant que possible ; et si un gendre entre dans
la hutte de sa belle-mère, il faut qu'elle se
retire dans le compartiment intérieur et s'y
asseye sur son lit, tandis qu'il reste dans le
compartiment extérieur ; après quoi, ils peuvent
se parler. Beaux-frères et belles-sœurs doivent
également s'éviter, bien que cette règle ne s'applique point à des demi beaux-frères, ou des
demi belles-sœurs. » [2] Chez les Bogos également,

1. Hermann Tönjes, *Ovamboland, Land, Leute, Mission* (Berlin,
1911), p. 133.
2. A. C. Hollis, « A Note on the Masai System of Relationship

tribu limitrophe de l'Abyssinie, un homme ne voit jamais le visage de sa belle-mère, et ne prononce point son nom ; tous deux prennent soin de ne pas se trouver en présence l'un de l'autre. [1] Chez les Donagla, après le mariage, « un mari vit, une année durant, dans la maison de sa femme sans être autorisé à voir sa belle-mère, avec qui il n'entre en rapports qu'à la naissance de son premier fils ». [2] Dans le Darfour, quand un jeune homme est fiancé, il cesse de voir les parents de sa future épouse, si intimement qu'il ait pu être lié avec eux auparavant, jusqu'à la célébration de la cérémonie, et il les évite même dans la rue. De leur côté, ceux-ci se cachent le visage s'il leur arrive de se trouver en face de lui à l'improviste. [3]

Quittons maintenant l'Afrique pour d'autres parties du monde. Chez les Looboos, tribu primitive des forêts tropicales de Sumatra, la coutume interdit à une femme la compagnie de son

---

and other Matters connected therewith », *Journal of the Royal Anthropological Institute*, XL (1910), p. 481.

1. Werner Munzinger, *Sitten und Recht der Bogos* (Winterthur, 1859), p. 63.

2. G. Casati, *Ten Years in Equatoria* (Londres et New-York, 1891), I, 69.

3. *Travels of an Arab Merchant* [*Mohammed Ibn Omar El-Tounsy*] *in Soudan*, abrégé du français par Bayle Saint-John (Londres, 1854), pp. 97 *sq*.

beau-père, ou à un homme celle de sa belle-
mère. Par exemple, si un homme rencontre sa
belle-fille, il doit traverser la route pour qu'elle
passe aussi loin de lui que possible ; mais si le
chemin est trop étroit, il s'arrange pour en sortir. Cette réserve n'est point prescrite entre un
beau-père et son gendre, ni entre une belle-mère
et sa bru[1]. Chez les Bukaoua, tribu de la Nouvelle-Guinée allemande, en Mélanésie, les règles
de l'évitement entre personnes alliées par un mariage sont très strictes ; ces personnes ne peuvent
ni se toucher ni prononcer le nom l'une de l'autre.
Mais, à l'encontre de la pratique commune, l'évitement paraît y être aussi rigoureux entre individus du même sexe, qu'entre ceux de sexe opposé.
Du moins l'auteur qui fait mention de cette
coutume cite-t-il en exemple l'étiquette observée entre un père et le mari de sa fille. Quand
un homme mange en présence de son gendre, il
se voile la face ; si néanmoins son gendre le
voit la bouche ouverte, le beau-père en conçoit
une telle honte qu'il s'enfuit au bois voisin.
S'il donne quoi que ce soit à son gendre, mettons
du bétel ou du tabac, jamais il ne le lui remet en

1. J. Kreemer, « De Loeboes in Mandailing », *Bijdragen tot
de Taal- Land- en Volkenkunde van Nederlandsch-Indië*, LXVI
(1912), p. 324.

mains propres, mais il le dépose sur une feuille,
et le gendre vient l'y chercher. Si beau-père et
gendre prennent part ensemble à une chasse au
sanglier, le gendre s'abstiendra de saisir et de
ligoter l'animal, de crainte de toucher à son beau-
père. Si, toutefois, leurs mains ou leurs dos
viennent accidentellement en contact, le beau-
père est épouvanté et pour effacer la tache faite
à son honneur, il sacrifie sur-le-champ un chien
qu'il donne à son gendre. Si les deux hommes
ont quelque motif de dissenssion, le gendre abandonne le village et sa femme, et s'en va habiter
quelque autre endroit jusqu'à ce que son beau-
père le rappelle au nom de sa fille. De même,
jamais homme ne touchera à sa belle-sœur [1].

Chez les sauvages de la péninsule califor-
nienne, un homme était, durant un certain
temps, privé du droit de regarder en face sa
belle-mère ou les autres proches parentes de sa
femme. Quand ces femmes étaient présentes, il
devait s'éloigner ou se cacher [2]. Chez les Indiens
de l'île de Malhado, en Floride, un beau-père ni

1. Stefan Lehner, « Bukana », dans R. Neuhauss, *Deutsch Neu-
Guinea* (Berlin, 1911), III, 426 *sq*.

2. J. Baegert, « An Account of the Aboriginal Inhabitants of
the Californian Peninsula », *Annual Report of the Board of
Regents of the Smithsonian Institution for the year 1863*, p. 368.
Ce cas et les suivants ont déjà été cités par moi dans mon
Totemism and Exogamy, IV, 314 *sq*.

une belle-mère ne pouvaient pénétrer dans la
maison de leur gendre; et celui-ci, de son côté,
n'avait pas le droit de paraître devant son beau-
père ni les personnes de sa famille. Si, par accident, ils se trouvaient en présence, ils devaient
s'éloigner à distance d'un trait d'arc, la tête
basse, et les yeux tournés à terre. Mais une
femme avait toute liberté de converser avec le
père et la mère de son mari [1]. Chez les Indiens
du Yucatan, si un fiancé voyait de loin ses futurs
beau-père ou belle-mère, il se détournait aussi
rapidement que possible, croyant que le fait
d'une rencontre l'empêcherait de procréer des
enfants [2]. Chez les Arawaks de la Guinée britannique un homme ne peut jamais voir le
visage de la mère de sa femme. Si elle se trouve
dans la même maison que lui, un paravent ou
une cloison doit les séparer; si elle voyage dans
le même canot, elle entre la première afin de
pouvoir lui tourner le dos [3]. Chez les Caraïbes,

1. Alvar Nunez Cabeça de Vaca, *Relation et Naufrages* (Paris,
1837), pp. 109 *sq.* (dans Ternaux-Compans, *Voyages, Relations,
et Mémoires originaux pour servir à l'Histoire de la Découverte
de l'Amérique*). Cet ouvrage parut d'abord en espagnol, à Valla-
dolid, en 1555.

2. Brasseur de Bourbourg, *Histoire des Nations civilisées du
Mexique et de l'Amérique Centrale* (Paris, 1857-1859), ii, 52 *sq.*

3. G. Klemm, *Allgemeine Culturgeschichte der Menschheit*
(Leipzig, 1843-1852), ii, 77.

« les femmes ne quittent jamais la maison de leur père, en quoi elles ont un avantage sur leur mari, parce qu'elles peuvent parler à toutes sortes de personnes, tandis que lui n'a pas le droit de s'adresser aux membres de la famille de sa femme, à moins d'être dispensé de cette contrainte par leur tendre jeunesse, ou leur état d'ébriété! Il évite de les rencontrer et fait pour cela de grands détours. S'il les surprend en un endroit où une rencontre est inévitable, la personne interpellée détourne le visage pour ne pas voir celui dont elle est forcée d'entendre la voix. [1] » Chez les Indiens Araucaniens du Chili, une belle-mère refuse de parler à son gendre ou même de le regarder pendant les fêtes du mariage, et « le point d'honneur, en certains cas, va si loin que, pendant plusieurs années, la mère ne parle jamais face à face à son gendre; mais le dos tourné et avec une cloison entre eux, elle conversera librement avec lui. [2] »

1. J. B. du Tertre, *Histoire générale des Isles de S. Christophe, de la Guadeloupe, de la Martinique et autres dans l'Amérique* (Paris, 1654), p. 419. Un rapport analogue, mais plus concis, se trouve dans De la Borde, qui l'a peut-être emprunté à du Tertre. Cf. De la Borde, « Relation de l'origine, mœurs, coustumes, religion, guerres et voyages des Caraïbes, sauvages des Isles Antilles de l'Amérique », p. 56 (dans *Recueil de divers Voyages faits en Afrique et en l'Amérique qui n'ont pas esté encore publiez*, Paris, 1684).

2. Edmond Reuel Smith, *The Araucanians* (Londres, 1855), p. 217.

Il serait aisé de multiplier les exemples de
coutumes d'évitement analogues entre personnes
alliées par un mariage, mais les précédents peuvent servir de spécimens. Pour déterminer la
signification de ces coutumes, il est très important de noter que des usages similaires sont pra-
tiqués dans quelques tribus, non seulement entre
parents par alliance mais encore entre les plus
proches parents consanguins de sexe opposé ; à
savoir, entre parents et enfants, ou entre frères et
sœurs [1] ; et les coutumes se ressemblent tellement
qu'il paraît difficile, sinon impossible, de les dis-
tinguer et de proposer pour l'évitement entre
parents par alliance une explication différente
de celle de l'évitement entre parents consanguins. C'est cependant ce que font certains écrivains qui essaient d'expliquer les coutumes de
l'évitement ; ou plutôt, ils limitent leur attention exclusivement aux parents par alliance, ou
même aux seules belles-mères ; et ils négligent
totalement la parenté consanguine, bien qu'en
fait, ce soit l'évitement des parents consanguins
qui paraisse devoir fournir la clé du problème des

1. Nous avons rencontré une coutume d'évitement entre père
et fille chez les Akamba (cf. plus haut, p. 144). Pour d'autres
exemples, voir mon *Totemism and Exogamy*, Index, *s. v.* « Avoi-
dance », vol. IV, p. 326.

évitements en général. Il semble, comme je l'ai
déjà dit, que la véritable explication de tous ces
usages soit la suivante : ce sont des précautions
destinées à écarter toute tentation de commerce
sexuel entre individus dont l'union nuptiale
répugne pour quelque raison au sens moral de
la communauté. Bien que rejetée par certains
théoriciens casaniers, cette explication a été
adoptée par quelques-uns des meilleurs observateurs de la vie des sauvages, de ceux dont l'opinion a le plus grand poids[1].

Que la crainte d'une intimité répréhensible,
même entre parents consanguins les plus proches
n'est point dénuée de fondement chez les races
de culture inférieure, c'est ce que semble prouver le témoignage d'un missionnaire hollandais
concernant les Battas ou Bataks de Sumatra,
peuplade qui a atteint un degré assez élevé de
civilisation primitive. Les Battas « observent
certaines règles d'évitement avec leurs proches
parents, consanguins ou par alliance ; et nous

1. Parmi les écrivains qui penchent d'une façon plus ou moins
définie vers cette opinion, citons : feu A. W. Howitt (« Notes on
some Australian Class Systems », *Journal of the Anthropological
Institute*, XII (1883), pp. 502 *sq*.), Dr. R. H. Codrington (voir
plus bas, p. 160), M. Joustra (voir plus bas, p. 157-159), et le Rev.
J. H. Weeks (voir plus haut, p. 139). Trois de ces écrivains sont
des missionnaires expérimentés qui se préoccupent uniquement
de relater des faits et n'ont point de théories à soutenir.

savons que cet évitement ne provient pas de la
rigueur, mais bien de la laxité, de leurs pratiques
morales. Un Batta, dit-on, assume que tout ren-
dez-vous solitaire d'un homme avec une femme
se résout en une intimité répréhensible entre
eux. Mais il croit en même temps que l'inceste
ou des rapports sexuels entre proches parents
provoquent la colère des dieux et attirent des
calamités de toute nature. C'est pourquoi les
proches parents sont obligés de s'éviter, de
crainte de succomber à la tentation. Un Batta,
par exemple, trouverait choquant qu'un frère
escortât sa sœur à une soirée. Même en présence d'un tiers, un Batta et sa sœur éprouvent quelque gêne. Si l'un d'eux entre dans la
maison, l'autre se retire. De plus, jamais un
homme ne doit rester seul chez lui avec sa fille;
ni une mère avec son fils. Un gendre ne doit
jamais parler à sa belle-mère, ni une femme à
son beau-père. Le missionnaire hollandais qui
relate ces usages ajoute qu'il regrette de constater que le maintien de la plupart de ces règles
est d'une impérieuse nécessité. Pour la même
raison, nous dit-il, dès que les jeunes Battas ont
atteint l'âge de puberté, on ne les laisse plus
dormir sous le toit familial, mais on les envoie
passer la nuit dans un bâtiment séparé (*djam-*

bon) ; de même, dès qu'un homme a perdu sa femme, il est mis à la porte de la maison »[1].

Autre exemple : chez les Mélanésiens des îles de Banks et des Nouvelles Hébrides, non seulement un homme doit éviter sa belle-mère ; mais, dès l'époque où il atteint l'âge de puberté et commence à porter des vêtements au lieu de courir tout nu, il doit éviter sa mère et ses sœurs, et ne peut plus vivre sous le même toit qu'elles ; il établit son domicile dans la maison des célibataires, où il va désormais régulièrement prendre ses repas et dormir. Il peut aller demander de la nourriture chez son père, mais si sa sœur est dans la maison, il devra en sortir avant de se mettre à manger ; si elle est absente, il peut s'asseoir près de la porte et prendre son repas. Si un frère et une sœur se rencontrent par hasard sur la route, elle s'enfuit ou se cache. Si un jeune homme, en marchant sur le sable, remarque des empreintes de pas qu'il reconnaît être celles de sa sœur, il ne les suit pas ; non plus qu'elle ne suivrait les siennes. Cet évitement mutuel dure toute la vie. Non seulement il doit

---

1. Cf. J. G. Frazer, *Totemism and Exogamy*, II, 188 *sq.* Ces assertions sont empruntées à M. Joustra, « Het leven, de zeden en gewoonten der Bataks », *Medeelingen van wege het Nederlandsche Zendelinggenootschap*, XLVI (1902), pp. 391 *sq.*

éviter la présence de ses sœurs, mais il ne faut
pas qu'il prononce leurs noms, ou même qu'il se
serve d'un mot qui entre dans la composition
d'un quelconque de leurs noms. Ses sœurs évitent de même de prononcer son nom ou les
mots qui le composent. Non moins rigoureuse
est la réserve d'un adolescent envers sa mère,
dès qu'il commence à porter des vêtements ; et
cette réserve croît à mesure qu'il grandit. Elle
est plus grande du côté de la femme que du
sien. Le jeune homme peut aller à la maison
demander de la nourriture, et sa mère peut lui
en apporter ; mais elle ne la lui donne point en
mains propres ; elle la dépose sur le sol pour qu'il
l'y ramasse. Quand elle l'appelle, elle lui parle
au pluriel, d'une manière moins familière. Elle
dit : « Venez ! » — et non pas : « Viens ! » Quand
ils conversent, elle s'assied à quelque distance
et se détourne, car elle se sent gênée devant
son grand fils. « La signification de tout ceci,
comme le remarque Codrington, est évidente. » [1]
Lorsque un Mélanésien des îles de Banks se
marie, il est également tenu d'éviter sa belle-
mère. « Les règles de l'évitement sont très minutieuses et fort strictes. En ce qui concerne

1. R. H. Codrington, *The Melanesians* (Oxford, 1891), p. 232.

l'évitement, un homme ne s'approche pas de la mère de sa femme, et cet évitement est mutuel ; s'ils se croisent en chemin, la femme se range de côté, ou tourne le dos jusqu'à ce que son gendre soit passé, ou bien lorsque cela est plus commode, c'est lui qui s'écarte du chemin. A Vanua Lava, (Port Patteson), un homme ne suivra pas sa belle-mère sur la grève, et réciproquement, avant que la marée ait effacé les pas du premier d'entre eux. Cependant, un gendre et sa belle-mère se parlent à distance [1]. »

Il paraît manifeste que ces coutumes mélanésiennes d'évitement sont les mêmes, et doivent s'expliquer de la même façon, que la femme à éviter soit la belle-mère, ou la propre mère, ou la sœur de l'intéressé. Et il est très significatif que, tout de même que chez les Akamba de l'Afrique orientale l'évitement mutuel entre père et fille ne commence que lorsque la jeune fille est pubère, de même chez les Mélanésiens l'évitement mutuel entre un garçon et sa mère, ou ses sœurs, ne commence qu'à l'âge périlleux où des rapports sexuels deviennent possibles. Il paraît donc difficile d'échapper à cette conclusion que l'évitement mutuel a été adopté

1. R. H. Codrington, *op. cit.*, p. 43.

pour cette unique raison : restreindre autant que possible les risques d'unions sexuelles que l'opinion publique réprouve comme incestueuses.

Mais si telle est la raison pour laquelle un jeune Mélanésien, au seuil de la puberté, évite sa mère et ses sœurs, il est naturel et presque nécessaire de conclure que c'est le même motif qui le pousse, une fois adulte et marié, à éviter la société de la mère de sa femme.

Des coutumes analogues d'évitement entre mères et fils, pères et filles, frères et sœurs, sont observées par les indigènes des Iles Carolines, et l'auteur qui les note leur assigne pour motif la crainte de l'inceste. « L'interdiction du mariage et de tous rapports sexuels, écrit-il, entre parents de la même tribu est considérée par les indigènes de la Caroline centrale comme émanant de leur dieu ; toute infraction est par suite punie de maladie ou de mort par les puissances célestes. La loi exerce une influence significative sur toute la vie sociale de ces insulaires, car on fait des efforts pour tenir éloignés l'un de l'autre, même pendant leur jeunesse, les membres de la famille de sexe différent. Les hommes célibataires et les garçons dès l'époque où ils commencent à parler, n'ont point le droit de rester la nuit dans les huttes,

mais doivent aller coucher à la *fel*, ou maison
commune. Le soir, leur repas (*àkot*) leur est
apporté par leur mère ou leur sœur. C'est seulement lorsque son fils est malade qu'une mère
a le droit de le recevoir dans sa hutte pour l'y
soigner. D'autre part, l'entrée de la maison
commune (*fel*) est interdite aux femmes et aux
jeunes filles, excepté à l'occasion de la fête du
pouarik; néanmoins, les femmes des autres tribus ont toute liberté d'y entrer, bien que —
autant qu'il m'a été donné de le constater —
elles profitent fort peu de cette autorisation. Les
jeunes filles dorment dans la hutte de leurs parents.

« Ces restrictions que la coutume et la tradition ont instituées dans la famille, s'expriment
encore dans l'attitude de ses membres vis-à-vis
l'un de l'autre. Les personnes suivantes, en particulier, doivent être traitées avec respect :
les filles par leur père ; les fils par leur mère ;
les frères par leurs sœurs. En présence de ces
parents, comme en présence d'un chef, on ne
saurait rester debout, mais on doit s'asseoir ; si,
dans un étroit sentier, on se trouve avoir à croi-
ser l'un d'eux, il faut tout d'abord lui demander la permission, puis le dépasser en se cour-
bant ou en rampant. On les laisse toujours

marcher devant ; on évite de boire dans le vase
dont ils viennent de se servir ; on ne les touche
pas, mais on se tient toujours à une certaine
distance d'eux ; leur tête, en particulier, est tenue
pour sacrée [1]. »

Dans tous ces cas, l'usage de l'évitement mutuel s'observe entre personnes de sexe opposé
auxquelles, bien qu'elles soient physiquement
capables d'union sexuelle, tout commerce de
cette nature est défendu par la tradition et l'opinion publique. Jusqu'ici, les parentes consan-
guines qu'il est interdit à un homme d'épouser
et qu'il est contraint d'éviter, sont : sa mère, sa
fille et ses sœurs. Mais à cette liste, certaines
peuplades ajoutent les cousines, ou du moins
certaines d'entre elles, car de nombreuses
races font une distinction marquée entre cousins, selon qu'ils sont issus de deux frères ou de
deux sœurs, ou d'un frère et d'une sœur ; et
tandis qu'ils permettent ou favorisent le mariage
de certains cousins, ils interdisent rigoureusement le mariage entre certains autres. Or, il
est très significatif que les tribus qui défendent
à un homme d'épouser certaines de ces cousines,
l'obligent aussi à adopter envers elles cette atti-

1. Max Girschner, « Die Karolineninsel Namoluk und ihre
Bewohner », *Baessler-Archiv*, ɪɪ (1912), p. 164.

tude de réserve sociale que — dans ces mêmes,
ou dans d'autres tribus — on doit observer
envers sa belle-mère, sa propre mère et ses
sœurs, qu'il est également interdit d'épouser.
Ainsi, chez les tribus du centre de la Nouvelle-
Irlande (Nouveau-Mecklenbourg), la coutume
interdit formellement le mariage d'un homme
avec sa cousine, s'ils sont enfants respectifs
d'un frère et d'une sœur ; cette prohibition est,
de toutes, la plus rigoureuse ; l'expression usi-
tée dans ces occasions est : « La cousine est
sacrée » (*i tabu ra kokup*). Or, dans ces tribus,
non seulement il est défendu d'épouser une cousine, fille de la sœur du père, ou du frère de la
mère ; mais il faut encore l'éviter en public,
tout comme en d'autres tribus il faut éviter la
mère de sa femme, sa propre mère, sa fille et
ses sœurs. Les cousins ne doivent point s'approcher l'un de l'autre ; ni se donner la main ; ni
même se toucher ; ils ne doivent point se faire
de cadeaux, ni prononcer le nom l'un de l'autre ;
mais ils peuvent se parler à une distance de quelques pas. Ces règles d'évitement, ces barrières
sociales entre cousins issus de frère et de sœur
s'interprètent le plus simplement et le plus naturellement en tant que précautions destinées à
parer aux dangers d'un commerce criminel

entre personnes dont l'union sexuelle serait considérée avec un vif déplaisir par l'opinion publique. En fait, le missionnaire catholique auquel
nous sommes redevables de ces renseignements,
accepte d'emblée cette interprétation, comme si
elle était trop évidente pour être sérieusement
mise en doute. Il dit que tous les usages de l'évitement « sont observés comme des symboles
extérieurs de l'interdiction du mariage » ; et
il ajoute que, « si le signe extérieur de l'interdiction du mariage, auquel les indigènes se
cramponnent avec un sincère entêtement, devait
disparaître ou seulement s'affaiblir, il y aurait
danger immédiat de voir les indigènes contracter
de pareilles unions[1] ». Il semble difficile pour un
individu raisonnable, de tirer aucune autre conclusion. S'il était besoin d'une confirmation,
elle serait fournie par le fait que, chez ces tribus
de la Nouvelle-Irlande, frères et sœurs sont
obligés d'observer précisément les mêmes règles
d'évitement mutuel, et que l'inceste entre frère
et sœur est un crime passible de pendaison. Ils
ne doivent pas s'approcher l'un de l'autre, ni se
donner la main, ni se toucher, ni se faire de
cadeaux ; mais ils peuvent se parler à quelques

1. P. G. Peckel, « Die Verwandtschaftsnamen des mittleren
Neumecklenburg », *Anthropos*, III (1908), pp. 467, 470 *sq.*

pas de distance. Et la pénalité pour l'inceste d'un père avec sa fille est également la mort par pendaison[1].

Chez les Baganda de l'Afrique Centrale il était interdit à un homme, sous peine de mort, de se marier ou d'avoir des rapports sexuels avec une cousine, fille de son oncle maternel ou de sa tante paternelle ; ces cousins ne pouvaient s'approcher, ni se donner aucun objet, ni entrer dans la même maison, ni manger dans le même plat. Si des cousins enfreignaient ces règles d'évitement social, en d'autres termes, s'ils s'approchaient l'un de l'autre, ou se passaient un objet, etc..., ils tomberaient malades, croyait-on, leurs mains trembleraient, et ils deviendraient incapables de tout travail[2]. Ici encore, selon toute probabilité, la prohibition des rapports sociaux était une simple précaution contre les rapports sexuels, dont la mort était la pénalité. On peut en dire autant de l'usage analogue de l'évitement

1. P. G. Peckel, *op. cit.*, pp. 463, 467.

2. J. Roscoe, *The Baganda* (Londres, 1911), pp. 128 *sq.* ; Sir Harry Johnston, *The Uganda Protectorate* (Londres, 1904), II, 695. Ce dernier auteur dit d'une façon générale : « Des cousins ne peuvent pénétrer dans la même maison, ni manger dans le même plat. Un homme ne peut épouser sa cousine. » Mais d'après les recherches de M. Roscoe, il paraît qu'un homme doit simplement éviter certaines cousines, appelées *kizibouéoué*, c'est-à-dire : les filles des sœurs de son père, ou des frères de sa mère.

que, chez ces mêmes Baganda, tout homme
devait observer à l'égard de sa belle-mère. « Nul
ne pouvait voir sa belle-mère, ni lui parler en
face ; elle se couvrait le visage en passant devant
son gendre, et il lui cédait le pas et faisait un
détour quand il la voyait venir. Lorsqu'elle se
trouvait dans la maison, lui ne pouvait y entrer ;
mais il leur était permis de se causer à distance.
Ceci était attribué à ce qu'il avait vu la nudité
de sa fille. Quand un gendre voyait par accident
les seins de sa belle-mère, il lui envoyait une
ceinture de liège en compensation, de peur d'être
affligé de quelque maladie, comme, par exemple,
la danse de Saint-Guy. La punition pour un
inceste était la mort ; nul membre d'un clan
n'eût protégé l'auteur d'un tel crime ; le délinquant était renié par son clan, jugé par le chef
du district, et mis à mort[1]. »

L'interdiction du mariage entre certains cousins semble être fort répandue parmi les peuplades africaines de race bantou. Ainsi, en ce

---

1, J. Roscoe, *op. cit.*, p. 129. Parmi les femmes avec qui un
homme ne pouvait avoir de rapports sexuels sous peine de mort
se trouvaient (outre les cousines mentionnées ci-dessus), la sœur
de son père, sa fille, et la fille de la sœur de sa mère. Cf. Roscoe,
op. cit., pp. 131-132. La raison alléguée pour l'évitement de la
belle-mère, à savoir : que le gendre a vu la nudité de sa fille
(cf. plus haut, p. 140), est probablement une interprétation tar-
dive et erronée de la coutume.

qui concerne les Bantous de l'Afrique australe,
on lit que « tous les hommes d'une tribu côtière
se regardaient comme les protecteurs des femmes
que nous appellerions ses cousines, au premier,
au second, au troisième degré, etc., du côté
paternel ; alors que certains éprouvaient un sentiment analogue également vis-à-vis des mêmes
parentes du côté maternel et les classaient toutes
sous le nom de sœurs. Tout acte immoral commis avec l'une d'elles eût été tenu pour incestueux, horrible, indiciblement honteux. Jadis,
cet acte eût été puni par la mort du coupable, et
aujourd'hui encore on lui inflige une amende
onéreuse, tandis que la faute de la femme doit
être compensée par un sacrifice accompli selon
les rites par le prêtre de la tribu, sans quoi une
malédiction pèsera sur elle, croit-on, et sur sa
postérité... En contraste avec cette interdiction,
les indigènes de l'intérieur épousaient presque
régulièrement la fille de leur oncle paternel, afin,
disaient-ils, d'empêcher les biens de sortir de la
famille. Cette coutume leur valut plus que toute
autre chose, le dégoût et le mépris des populations de la côte, qui flétrissent ces inter-mariages du nom d'unions de chiens, et leur attribuent les cas d'aliénation mentale et d'idiotie
qui, dans ces dernières années, se sont mul-

tipliés parmi les tribus de l'intérieur de l'île[1].

Chez les Tonga, tribu bantou des environs de la baie de Delagoa, les mariages entre cousins sont en général prohibés, et l'on tient leurs unions pour stériles. Toutefois, l'usage permet aux cousins de se marier, à condition qu'ils accomplissent une cérémonie expiatoire qui est censée détourner de la femme la malédiction de stérilité. On immole un bouc, et on oint le couple du liquide verdâtre exprimé de l'herbe à demi digérée qui se trouve dans l'estomac de l'animal. Puis on découpe un trou dans la peau du bouc, par où l'on fait passer la tête des deux cousins. On leur remet alors par ce trou, le foie cru de l'animal, et il faut qu'ils le dépècent à coups de dents sans l'aide d'un couteau. L'ayant déchiré, ils le mangent. Le mot qui désigne le foie (*shibindji*) signifie également « patience, résolution ». On dit alors au couple : « Vous avez agi avec une

1. G. Mac Call Theal, *Records of South Eastern Africa*, VII (1901), pp. 431-432. L'auteur ajoute : « Parmi les tribus de la colonie du Cap, les différences actuelles sont les suivantes : Les Xosas, les Tembus, et les Pondos n'épousent aucune parente consanguine, si éloignée soit-elle, du côté paternel ou du côté maternel.

« Les Hlubis et autres indigènes communément appelés Fingos, peuvent épouser la fille de l'oncle maternel, et d'autres parentes de ce même côté, mais pas du côté paternel.

« Les Basutos, les Batlaros, les Batlapins, et les Barolongs, épousent très fréquemment leurs cousines du côté paternel, et ne connaissent aucune restriction au delà de leurs propres sœurs. »

forte résolution. Maintenant, mangez le foie !
Mangez-le en plein jour, et non pas dans les
ténèbres ! Ce sera une offrande aux dieux. » Puis
le prêtre de la famille prononce une prière : « O
dieux, Tels-et-tels, voyez ! Nous avons fait cela
en plein jour ; cela n'a pas été fait en cachette.
Bénissez-les ; accordez-leur des enfants ! » Quand
il a achevé, les assistants prennent toute l'herbe
à demi digérée qui est dans l'estomac du bouc
et la mettent sur la tête de la femme, en disant :
« Va, et sois mère ![1] » Chez les Ouagogo de
l'Afrique orientale allemande, le mariage est
interdit entre cousins issus de deux frères, ou
de deux sœurs, mais il est autorisé entre cousins respectivement issus d'un frère et d'une
sœur. Toutefois, en pareil cas, il est d'usage pour
le père de la jeune femme d'immoler un mouton
et de se mettre un bracelet de cuir, découpé sans
doute dans la peau de l'animal ; ils s'imaginent
qu'autrement le mariage resterait infécond[2].
Ainsi les Ouagogo de même que les Thonga,
estiment qu'une union entre cousins est vouée
à la stérilité, si un sacrifice expiatoire n'est

1. Henri-A. Junod, *The Life of a South African Tribe* (Neuchâtel, 1912-1913), I, 243-245. Pour ce qui est des règles concernant le mariage entre cousins dans cette tribu, voir *id.*, I, 241 *sq.*
2. Heinrich Claus, *Die Wagogo* (Leipzig et Berlin, 1911),
p. 58.

offert et si on n'a fait un usage déterminé de la
peau de la victime. De même les Akikuyu de
l'Afrique orientale britannique interdisent le
mariage entre cousins et petits-cousins, qui sont
enfants et petits-enfants de frères et sœurs. Si
ces individus s'épousaient, ils commettraient
un péché grave, et tous leurs enfants mourraient
sans exception ; car la malédiction de la souillure
cérémoniale (*thahu*) encourue du fait d'un tel
crime ne peut être purgée. Néanmoins, il arrive
parfois qu'un homme épouse sans le savoir sa
cousine ou sa petite-cousine. Par exemple, lorsqu'une partie de la famille émigre dans un autre
district, il peut se produire qu'un homme fasse
la connaissance d'une jeune fille et l'épouse
avant de découvrir sa parenté avec elle. En pareil
cas, où le péché a été involontaire, la malédiction
peut être détournée par l'accomplissement d'un
rite expiatoire. Les anciens prennent un mouton
qu'ils placent sur les épaules de la femme ; on
le tue dans cette position, et, on le vide de ses
entrailles. Puis, les anciens divisent solennellement les intestins avec un morceau de bois
acéré pris dans un certain buisson (*mukeo*) « en
annonçant qu'ils sont en train de couper le
kutinyarurira du clan ; par quoi ils entendent
qu'ils rompent le lien de parenté qui existe entre

les deux personnes. Un guérisseur droguiste vient ensuite, qui purifie le couple »[1]. Dans tous ces cas, on peut assumer avec d'assez fortes chances de probabilité que l'ancienne prohibition du mariage entre cousins est en voie de disparition et que le sacrifice expiatoire offert lorsque semblable mariage a lieu, est un simple baume pour calmer la conscience troublée des auteurs, ou des complices, de cette violation de l'antique tabou.

Ainsi, l'interdiction du mariage entre cousins, et les règles de l'évitement cérémonial observées dans quelques tribus par des personnes entre lesquelles existent des liens de parenté, paraissent découler à la fois d'une croyance, juste ou fausse, aux résultats néfastes de telles unions, et du désir de les éviter. L'évitement mutuel entre cousins est une simple précaution destinée à empêcher une intimité plus profonde et plus criminelle. S'il en est ainsi, cet usage fournit la confirmation de cette thèse que toutes les pratiques d'évitement social entre parents consanguins, ou parents par alliance, de sexe opposé, reposent simplement sur la crainte de l'inceste.

Cette théorie est peut-être corroborée par la

---

1. C. W. Hobley, « Kikuyu Customs and Beliefs », *Journal of the Royal Anthropological Institute*, XL. (1910), p. 438.

remarque que, dans certaines tribus, l'évitement
entre un gendre et sa belle-mère ne dure que
jusqu'à ce qu'il ait un enfant de sa femme [1],
alors que, dans d'autres, l'évitement, bien qu'il
se prolonge, disparaît peu à peu à mesure que
l'homme et la femme avancent en âge [2]; dans
d'autres encore, il n'est observé qu'entre un
homme et sa future belle-mère, et prend fin au
moment du mariage [3]. Ces usages semblent indiquer que, dans l'esprit de ceux qui les pratiquent,
il existe un rapport étroit entre l'évitement des
parentes de la femme, et la crainte d'une union
stérile. Les Indiens du Yucatan, comme on l'a
vu, croient que, si un fiancé rencontrait sa future
belle-mère ou son futur beau-père, il perdrait
de ce fait la faculté de procréer des enfants. Cette
crainte paraît n'être qu'une extension, par fausse
analogie, de la croyance aux désastreuses conséquences des rapports sexuels illicites dont
nous avons déjà parlé dans une autre partie de
ce chapitre [4], et sur quoi nous allons revenir un
peu plus bas [5]. De cette idée, juste ou fausse,

1. Voir plus haut. pp. 146 *sq.*,　.
2. Voir pp. 150, 153, 155.
3. Voir p. 150.
4. Voir pp. 79 *sq.*
5. Voir plus bas, pp. 191 *sq.*

qu'un commerce sexuel entre certaines personnes est gros de sérieux dangers, le sauvage sautait à cette conclusion que des rapports sociaux entre ces mêmes personnes ont aussi leurs périls, en vertu d'une espèce d'infection physique agissant par simple contact, ou même à distance. Et si, dans de nombreux cas, il n'allait pas jusqu'à supposer que le seul fait de voir sa belle-mère suffisait à tarir la fécondité de sa femme, il a pu croire néanmoins avec beaucoup plus de raison qu'une conversation intime entre elle et lui pouvait facilement dégénérer en quelque chose de pire, et que, pour se garder d'une telle possibilité, le mieux était d'élever entre eux une solide barrière d'étiquette. Il ne faut pas, naturellement, conclure que ces règles d'évitement aient été le résultat d'une législation réfléchie ; elles furent bien plutôt celui d'une floraison spontanée et graduelle de sentiments et de pensées dont les sauvages eux-mêmes n'avaient peut-être pas très nettement conscience. Dans ce qui précède, j'ai uniquement essayé de résumer en un langage intelligible à l'homme civilisé, l'aboutissement d'une longue étape d'évolution morale et sociale.

Ces considérations répondent peut-être, jusqu'à un certain point, à la seule difficulté sérieuse qui fasse obstacle à la théorie soutenue

dans ces pages. Si l'usage de l'évitement a été
adopté pour parer au risque de l'inceste, comment se fait-il que cet usage soit souvent observé
entre personnes du même sexe, par exemple,
entre gendre et beau-père, aussi bien qu'entre
gendre et belle-mère? La difficulté est grave
sans doute; la seule réponse qu'on puisse lui
faire, à mon sens, est celle que j'ai déjà indi-
quée. On peut supposer que les croyances invé-
térées du sauvage aux funestes conséquences
d'un mariage entre certaines catégories de gens
se développèrent peu à peu dans son esprit de
façon à comprendre les rapports d'homme à
homme aussi bien que ceux entre homme et
femme ; et cela, jusqu'au moment où il fut persuadé que voir ou toucher son beau-père, par
exemple, était presque ou tout aussi dangereux
que d'avoir des rapports illicites avec sa belle-
mère. Sans doute, il nous est aisé de découvrir le vice de ce raisonnement ; mais il faut se
garder de jeter la pierre à des sauvages illo-
giques, car il est possible, et même probable,
qu'un grand nombre de nos convictions favo-
rites ne sont guère mieux fondées que les leurs.

Considérés de ce point de vue, les usages de
l'évitement cérémonial prennent un aspect sérieux, fort différent de l'apparence d'arbitraire

et d'absurdité qu'ils peuvent présenter à l'obser-
vateur civilisé, si son regard ne pénètre pas sous
la surface de la société sauvage. En tant que
ces coutumes ont servi — comme elles l'ont
vraisemblablement fait — à faire disparaître la
tendance à l'inter-mariage des parents proches,
force nous est de conclure que leur effet a été
salutaire, si, comme le soutiennent d'éminents
biologistes, de fréquents inter-mariages sont
nuisibles à la race, et en déterminent tôt ou
tard la stérilité [1]. Toutefois les savants ne sont
encore nullement d'accord quant aux résultats
des mariages consanguins, et une autorité com-
pétente a récemment tiré d'une série de témoignages la conclusion suivante : « Lorsqu'on
fait entrer en ligne de compte les cas que nous
fournissent les animaux et les plantes, les
études comme celles de A. H. Huth [2], et les
exemples et contre-exemples de communauté
ayant un haut degré de consanguinité, on est
amené à conclure que les préjugés et les lois de
nombreux peuples contre le mariage entre
proches parents reposent sur un fondement

1. Sur la question de l'inter-mariage et de ses effets, cf. J. G.
Frazer, *Totemism and Exogamy*, IV, 160 *sq*.

2. A. H. Huth, *The Marriage of Near Kin considered with respect to the Laws of Nations, the Results of Experience, and the
Teachings of Biology*, 2º édit. (Londres, 1887).

moins biologique que social [1]. » Quel que doive
être l'ultime verdict de la science sur cette question débattue, il n'affectera pas le résultat de la
présente enquête, qui affirme simplement l'influence profonde et étendue qu'au long cours de
l'histoire humaine, la superstition a exercée sur
la morale. Cette influence, considérée dans son
ensemble, a-t-elle été bonne ou mauvaise ?
C'est là une question que nous n'avons pas à
résoudre. Il nous suffit de montrer que la superstition a servi de béquille à la morale, soit pour
la soutenir sur le chemin fleuri de la vertu, soit
pour la précipiter dans la mare fangeuse du
vice. Pour en revenir au point d'où nous étions
parti pour entamer cette digression, il faut laisser en suspens la question de savoir si les sauvages de l'Australie ont été sages ou fous d'interdire, sous peine de mort, toute conversation
entre une belle-mère et son gendre.

Je terminerai cette partie de mon sujet par
quelques autres exemples de l'extrême sévérité
dont certaines races ont fait preuve à l'égard des
rapports qu'elles considéraient comme illicites
entre les sexes.

1. J. Arthur Thomson, article « Consanguinity », dans J. Has
tings, *Encyclopaedia of Religion and Ethics*, IV (Edimbourg.
1911), p. 30.

Chez les Indiens qui habitaient la côte du
Brésil, près de Rio de Janeiro, vers le milieu du
XVIe siècle, une femme mariée qui donnait le
jour à un enfant illégitime était ou mise à mort,
ou livrée au caprice des jeunes gens qui n'avaient
pas les moyens de prendre femme. L'enfant
était enterré vif ; car s'il avait vécu, il n'aurait
servi (disait-on) qu'à perpétuer la honte de sa
mère ; on ne l'aurait pas laissé aller à la guerre
avec les autres, par crainte des malheurs et des
désastres qu'il aurait pu attirer sur leur tête, et
personne n'aurait mangé d'aucuns mets, viande,
poisson, ou quoi que ce fût auquel le misérable
paria eût touché[1]. Dans le Ruanda, district de
l'Afrique centrale, et jusqu'en ces dernières
années, toute femme non mariée qui se trouvait
grosse était mise à mort, avec son enfant, né
ou à naître. Un endroit situé à l'embouchure de
l'Akanyaru était le lieu d'exécution d'où l'on
précipitait à la mer les femmes coupables et
leurs innocents rejetons.

Comme à l'ordinaire, cette rigueur puritaine
s'est relâchée au contact de l'influence européenne ; ou tue encore les enfants illégitimes ;
mais les mères échappent à la mort moyennant

1. André Thevet, *La Cosmographie Universelle* (Paris, 1575),
II, 933 [967].

une vache d'amende[1]. Chez les Saxons, et jusqu'à l'époque de saint Boniface, la femme adultère ou la jeune fille qui avait déshonoré la maison de son père était contrainte de se pendre ;
on la brûlait, et l'on suspendait son amant au-
dessus du bûcher ardent ; ou bien encore les
femmes du village la battaient de verges, ou la
coupaient en morceaux jusqu'à ce que mort
s'ensuivît[2]. Parmi les populations slaves de la
péninsule des Balkans, les femmes convaincues
d'inconduite étaient lapidées. Vers 1770, un
couple de jeunes fiancés fut exécuté de cette
manière près de Cáttaro, en Dalmatie, parce
que la jeune fille avait été reconnue enceinte.
Le jeune homme offrit de l'épouser, et le prêtre
demanda que la sentence fût commuée en ban-
nissement perpétuel ; mais les habitants décla-
rèrent qu'ils ne voulaient point qu'un bâtard
naquît parmi eux, et les deux pères du couple
infortuné furent les premiers à les cribler de
pierres. Lorsque Miss Edith Durham relata ce
cas à quelques paysans monténégrins, tous lui
répondirent que la lapidation constituait jadis

1. R. P. Schumacher, « Das Eherecht in Ruanda », *Anthropos*,
VII (1912), p. 4.

2. H. H. Milman, *History of Latin Christianity*, nouveau
tirage (Londres, 1903), II, 54.

le châtiment réservé aux femmes dévergondées ;
le séducteur était exterminé à coups de carabine par les parents de la jeune fille dont il
était devenu l'amant. Lorsque la reine Draga
de Serbie, « cette moderne Messaline », mourut
assassinée, une honorable paysanne remarqua
qu'elle « aurait dû être sous le tas de pierres maudit » (*pod prokletu gomilu*). Les paysans du Mon-
ténégro auxquels Miss Durham annonça la nouvelle du crime, « le regardèrent comme un net-
toyage — un rejet des abominations. Ils crurent
sincèrement que l'Europe louerait cet exploit, et
que la disparition de cette femme coupable ramè-
nerait la prospérité dans le pays[1]. » Jusqu'à la
seconde moitié du XIXe siècle, dans les cas de sé-
duction chez les slaves du Sud, on proposait
de tuer à coups de pierre les deux coupables[2].

1. Ces détails concernant les populations slavoniques de la
péninsule des Balkans sont empruntés à une lettre que Miss Edith
Durham, l'une de nos meilleures autorités sur ces races, a bien
voulu m'adresser. Cette lettre est datée de Londres (116ª King
Henry's Road, N. W.), le 16 octobre 1909. La lapidation du
couple de Cattaro est relatée, m'apprend Miss Durham, dans un
livre serbe, *Narodne Pripovjetke i Presude*, par Vuk Vrcevic'.
Pour de nombreux autres exemples de peine capitale et autres
châtiments rigoureux édictés contre les délits sexuels, cf. E. Westermarck, *The Origin and Development of Moral Ideas* (Londres,
1906-1908), ii, 366 sqq., 425 sq.

2. F.-S. Krauss, *Sitte und Brauch der Südslaven* (Vienne, 1885),
pp. 209, 216, 217. Comparer F. Demelic, *Le Droit Coutumier
des Slaves Méridionaux* (Paris, 1876). p. 76.

C'est ce qui se passa, par exemple, en 1859, en Herzégovine. Un jeune homme du nom de Milu-tin séduisit, ou (pour être plus exact) fut séduit par trois jeunes filles qu'il rendit mères. La popu-lation s'érigea en juge des criminels, et bien qu'un ancien eût proposé de les lapider tous, le tribu-nal prononça une sentence plus indulgente. Le jeune homme dut épouser l'une des trois filles, élever les enfants des deux autres comme ses enfants légitimes, et à la prochaine occasion d'une guerre avec les Turcs, il devait prouver son courage en se précipitant sur les ennemis et en leur arrachant leurs armes, morts ou vifs. La sentence s'exécuta à la lettre, bien que de nombreuses années dussent s'écouler avant que le coupable pût en réaliser la dernière clause. Pourtant l'heure sonna en 1875, quand l'Her-zégovine se révolta contre les Turcs. Milutin fonça, sans armes, sur un régiment ennemi et trouva une mort héroïque au milieu des baïon-nettes turques [1].

Aujourd'hui encore, les Vieux-Catholiques, parmi les Slaves du Sud, croient qu'un village où le séducteur n'est point contraint d'épouser sa victime sera frappé de grêle et de pluies exces-

1. F.-S. Krauss, *op. cit.*, pp, 208-212 citant pour autorité Vuk Vrcevic', *Niz srpskih pripovijedaka*, pp. 129-137.

sives. Pour cet article de foi, cependant, ils
sont tournés en ridicule par leurs voisins, les
catholiques éclairés ; ceux-ci partagent l'opinion,
infiniment plus probable ! que le tonnerre et
les éclairs sont causés par le prêtre du village
pour se venger des retards déraisonnables ap-
portés au solde de son traitement. On a vu une
terrible averse de grêle être presque fatale au
curé du lieu, que les coups de bâton de ses
ouailles courroucées mirent à deux doigts de la
mort[1].

Il est difficile d'admettre qu'en de telles occasions, ou en d'autres semblables, la communauté
infligerait des punitions aussi sévères pour des
délits sexuels, si elle n'estimait pas sa propre
sûreté, et non seulement l'intérêt de quelques
individus, compromise de ce fait.

Si l'on se demande maintenant pourquoi des
rapports illicites entre les sexes sont censés
devoir troubler l'équilibre de la nature, et en
particulier nuire aux fruits de la terre, on peut
proposer une réponse partielle à cette question.
Il ne suffit pas de dire que de tels rapports
déplaisent aux dieux, qui punissent sans distinction la communauté tout entière pour les

1. F.-S. Krauss, *op. cit.*, p. 204,

péchés de quelques individus. Car il faut bien se
rappeler que les dieux sont créés par l'imagination de l'homme, qui les fait à sa ressemblance
et les dote de goûts et d'opinions qui sont tout
bonnement les vastes projections nébuleuses
des siens. Affirmer, par conséquent, que telle
ou telle chose est un péché parce que les dieux
en ont décidé ainsi, c'est simplement reculer
la difficulté d'un degré, et soulever la question : Pourquoi les dieux prendraient-ils ombrage de ces actes, et pourquoi les puniraient-
ils ? Dans le cas qui nous occupe, la raison
pour laquelle tant de divinités sauvages interdisent l'inceste, l'adultère et la fornication,
sous menace de leur violent mécontentement,
on la trouvera peut-être dans l'analogie que de
nombreux sauvages établissent entre la reproduction dans l'espèce humaine, et la reproduction
des animaux et des plantes. Cette analogie n'est
pas purement imaginaire; elle est, au contraire,
réelle et vitale ; mais les peuples primitifs en
ont fait une application abusive en essayant
vainement de la mettre en pratique pour accroître la production alimentaire. En fait, ils se
sont imaginés qu'en accomplissant ou en évitant
d'accomplir certains actes sexuels, ils favori-
saient ainsi directement la multiplication des

animaux et des plantes [1]. Il est évident que tout acte ou toute abstention de ce genre sont de nature purement superstitieuse et manquent entièrement à produire l'effet désiré. Ils ne sont point religieux, mais magiques ; c'est-à-dire qu'ils cherchent à atteindre leur but, non en faisant appel aux dieux, mais en manipulant les forces physiques selon certaines notions, d'ailleurs fausses, de causalité naturelle. Dans le cas présent, le principe d'après lequel les sauvages essaient de propager les animaux et les plantes est celui de la magie sympathique, ou magie

---

1. Voir des exemples de tentatives pour multiplier les plantes comestibles dans J. G. Frazer, *The Magic Art and The Evolution of Kings*, II, 97 *sq.* Les exemples connus de tentatives analogues pour favoriser la multiplication des animaux semblent être plus rares. Voir quelques exemples dans : George Catlin, *O Kee-Pa, a Religious Ceremony and other Customs of the Mandans* (Londres, 1867), folium reservatum, pp. I-III (multiplication des buffles) ; *History of the Expedition under the Command of Captains Lewis and Clark to the Sources of the Missouri* (Londres, 1905), I, 209 *sq.* (multiplication ou attraction des buffles) ; Maximilian Prinz zu Wied, *Reise in das innere Nord-America* (Coblentz, 1839-1841), II, 181, 263-267 (multiplication ou attraction des buffles) ; *Reports of the Cambridge Anthropological Expedition to Torres Straits*, v. (1904), p. 271 (multiplication des tortues) ; J. Roscoe, « Further Notes on the Manners and Customs of the Baganda », *Journal of the Anthropological Institute*, xxxii (1902), p. 53 ; *The Baganda* (Londres, 1911), p. 144 (multiplication des locustes verts comestibles) ; S. Gason, in *Journal of the Anthropological Institute*, xxiv. (1895), p. 174 (multiplication des rats comestibles) ; *id.* « The Dieyerie Tribe », dans *Native Tribes of South Australia* (Adelaïde, 1879), p. 280 (multiplication des chiens et des serpents).

d'imitation ; ils s'imaginent favoriser le process-
sus naturel de reproduction en le mimant ou en
l'accomplissant entre eux. Or, dans l'évolution
de la société, les efforts pour régir directement
le cours de la nature au moyen de rites magiques,
paraissent avoir précédé les efforts pour le régir
indirectement en faisant appel à la vanité ou à
la cupidité, à la bonté ou à la compassion des
dieux ; bref la magie paraît être antérieure à la
religion [1]. Chez la plupart des races, il est vrai,
l'époque de la magie pure, de la magie sans aucun
élément religieux, fait partie d'un passé tellement reculé que son existence, comme celle de
nos simiesques ancêtres, ne peut être que
matière à inférence. Presque partout dans le
monde et dans l'histoire, on trouve la magie et
la religion côte à côte, tantôt alliées, tantôt
ennemies, tantôt faisant le jeu l'une de l'autre,
tantôt se maudissant, s'objurguant, et tâchant en
vain de s'exterminer l'une l'autre. D'une façon
générale, les intelligences inférieures s'attachent
étroitement, bien que secrètement, à la magie,
tandis que les intelligences supérieures, ayant
reconnu la vanité de ses prétentions, l'ont
délaissée au profit de la religion. Il en est résulté

1. J'ai donné ailleurs les raisons de cette opinion, *The Magic
Art and the Evolution of Kings*, I, 220 sq.

que des croyances et des rites purement magiques
à l'origine acquièrent souvent, avec le temps,
un caractère religieux ; ils évoluent avec le progrès de la pensée, ils se traduisent en termes de
dieux et d'esprits, bons ou bienfaisants, mauvais
ou pernicieux. Il est loisible de conjecturer,
bien qu'on ne puisse en fournir la preuve, qu'un
changement de cette nature s'est produit dans
l'esprit de nombreuses races au sujet de la
morale sexuelle. Peut-être à quelque époque antérieure a-t-on cru, en poussant trop loin certaines analogies réelles, que les relations tenues
pour naturelles et légitimes entre les sexes
humains, avaient tendance à favoriser par sympathie la propagation des animaux et des
plantes, et à assurer ainsi l'alimentation de la
communauté ; tandis qu'on se serait imaginé, au
contraire, que les relations sexuelles tenues pour
contre-nature et illégitimes avaient tendance à
restreindre et à empêcher la propagation des
animaux et des plantes, diminuant ainsi les ressources alimentaires communes.

Il est évident qu'une telle croyance fournirait
une raison suffisante pour prohiber strictement
les relations que l'on considérait comme illégitimes entre hommes et femmes ; et elle expliquerait la profonde horreur et l'abomination avec

lesquelles de nombreuses tribus sauvages —
mais non point toutes — considèrent l'inconduite sexuelle. Car si des relations illégitimes
entre les sexes humains empêchent les animaux
et les plantes de se multiplier, elles portent un
coup fatal à l'existence de la tribu en tarissant à
sa source le rendement nourricier. Il n'est donc
pas surprenant que partout où règnent ces superstitions, la communauté tout entière, croyant
son existence menacée par l'inconduite sexuelle,
se tourne férocement contre les coupables pour
les battre, les brûler, les noyer, ou les exterminer de toute autre manière afin de se débarrasser
d'un foyer d'infection aussi dangereux. Et lorsque, avec le progrès des connaissances, on
s'aperçut de l'erreur qu'on commettait en s'ima-
ginant que le commerce des sexes humains pouvait affecter la propagation des animaux et des
plantes, la croyance à la nocivité de certaines
relations sexuelles était tellement invétérée,
qu'on ne put la chasser de l'esprit, après même
qu'eût été reconnue la nature fallacieuse du
raisonnement qui lui avait donné naissance.
L'ancienne pratique demeurait donc, bien que
l'ancienne théorie se fût écroulée ; les vieilles
règles de la morale sexuelle continuaient d'être
observées, mais pour qu'elles pussent mériter

encore le respect de la communauté, il devenait
nécessaire de les placer sur une base théorique
nouvelle. Cette base, conformément au progrès
général de la pensée, fut fournie par la religion.
Les relations sexuelles que l'on condamnait
jadis comme illégitimes et anti-naturelles, parce
qu'on y voyait un obstacle à la multiplication
normale des animaux et des plantes, ce qui
réduisait les ressources alimentaires, — on les
condamna désormais parce qu'on supposait
qu'elles déplaisaient aux dieux ou aux esprits,
épouvantails que l'homme primitif affuble des
oripeaux de ses ancêtres, plus primitifs encore.
La pratique morale allait donc demeurer la
même, bien que le fondement théorique se fût
déplacé de la magie à la religion. C'est de cette
façon ou de quelque autre analogue que les
Karins, les Dayaks, et d'autres tribus sauvages,
ont, semble-t-il, atteint les curieuses conceptions
que nous venons d'examiner de l'immoralité
sexuelle et de ses conséquences. Mais le développement de la théorie morale que j'ai esquis-
sée est purement hypothétique, et la vérification
en est presque impossible.

Toutefois, et même en admettant pour l'instant que les sauvages en question se soient formé
leur opinion actuelle de la façon que j'ai suppo-

sée, une question subsiste malgré tout. Comment en est-on venu à l'origine à regarder comme immoraux certains rapports entre les sexes ? Car il est clair que l'idée que cette immoralité entrave le cours de la nature a dû être secondaire et dérivée ; on a dû conclure, pour des raisons indépendantes, que certains rapports entre hommes et femmes étaient illégitimes et néfastes avant d'étendre cette conclusion à la nature par une fausse analogie. Cette question nous met en face du plus mystérieux et du plus obscur des problèmes de l'histoire des sociétés : celui de l'origine des lois qui, aujourd'hui encore, régissent le mariage et les rapports des sexes dans les nations civilisées ; car, *grosso modo*, les lois fondamentales admises chez nous en ces matières sont également admises par les sauvages, avec cette différence que, pour beaucoup de sauvages, les interdictions sexuelles sont bien plus nombreuses, l'horreur soulevée par leur violation bien plus profonde, et le châtiment infligé aux délinquants, bien plus rigoureux que parmi nous. Le problème a souvent été abordé, mais jamais résolu. Peut-être est-il destiné, comme tant d'autres énigmes de ce Sphinx que nous appelons la nature, à demeurer à jamais insoluble. De toute façon, ce n'est point ici le lieu d'entamer une discussion aussi délicate et aussi complexe. Je reviens à mon sujet immédiat. Pour de nombreux sauvages, le résultat de l'inconduite sexuelle n'est pas uniquement de troubler, directement ou indirectement, le cours de la nature en détruisant les récoltes, en causant des tremblements de terre, des éruptions volcaniques, etc. ; les délinquants eux-mêmes, leur postérité, et leur innocent conjoint, sont censés souffrir personnellement en expiation du péché commis. Ainsi, chez les Baganda de l'Afrique centrale, « l'adultère était également regardé comme un danger pour les enfants ; on croyait que les femmes qui, étant grosses, s'en rendaient coupables, faisaient ainsi mourir l'enfant, soit avant, soit au moment de la naissance. Parfois la coupable mourait en couches ; ou si elle accouchait heureusement, elle éprouvait le désir de dévorer son enfant, et on devait la surveiller pour l'en empêcher [1] ». « Quand se présentait un cas d'accouchement tardif, la famille l'attribuait à un adultère. On faisait avouer à la femme le nom de l'homme avec qui elle avait eu des rapports ; et, si elle mourait, les membres de son clan mettaient à l'amende le

---

1. J. Roscoe, *The Baganda* (Londres, 1911), p. 262,

mari, disant : « Nous ne vous avons pas donné notre fille pour qu'elle devienne adultère, et vous auriez dû la protéger. » Dans la plupart des cas, néanmoins, les guérisseurs parvenaient à sauver la vie de la femme, et, une fois guérie, on la rabrouait, et l'homme qu'elle dénonçait était condamné à une forte amende[1]. Les Baganda croyaient que l'infidélité du père, tout comme celle de la mère, mettait en danger la vie de l'enfant. Car « on supposait aussi qu'un homme qui avait des rapports sexuels avec une femme autre que les siennes pendant le temps où l'une quelconque de celles-ci nourrissait un enfant, serait cause que l'enfant tomberait malade ; et à moins qu'il n'avouât sa faute et n'obtînt du guérisseur les médicaments nécessaires pour neutraliser ce résultat néfaste, l'enfant mourrait[2] ». L'indisposition infantile courante qu'on croyait causée par l'adultère du père, ou de la mère, portait le nom d'*amakiro*, et les symptômes en étaient bien connus ; ils se manifestaient par des nausées et une faiblesse générale, et l'unique remède consistait en un franc aveu du parent coupable

1. J. Roscoe, *op. cit.*, p. 55. Cp. *id.*, « Further Notes on the Manners and Customs of the Baganda », *Journal of the Anthropological Institute*, XXII (1902), p. 39.

2. J. Roscoe, *op. cit.*, p. 262.

suivi de l'accomplissement d'une cérémonie magique par le guérisseur [1].

Des opinions analogues concernant les effets désastreux de l'adultère sur la mère et l'enfant, semblent être fort répandues parmi les tribus bantou. Ainsi, chez les Awemba du nord de la Rhodésie, quand la mère et l'enfant meurent au moment des couches, tout le monde manifeste une profonde horreur et affirme que la femme a certainement dû commettre des adultères avec de nombreux complices pour mériter pareil sort. On l'exhorte même à donner avec son dernier soupir, le nom de son amant ; quiconque est désigné par elle est traité d' « assassin » (*musoka*) et doit ensuite payer une grosse amende au mari lésé. Si l'enfant est mort-né et que la mère lui survit, les Awemba tiennent pour certain que la femme a été infidèle à son mari et ils lui demandent de nommer le meurtrier de son enfant, c'est-à-dire l'homme dont l'amour coupable a causé la mort du bébé [2]. Les Thonga, tribu bantou de l'Afrique du Sud aux environs de la baie de Delagoa, estiment de même que si les douleurs de l'enfantement se prolongent indûment

1. J. Roscoe, *op. cit.*, pp. 72, 102.
2. Cullen Gouldsbury et Hubert Sheane, *The Great Plateau of Northern Rhodesia* (Londres, 1911), pp. 57, 178.

ou si la mère ne peut mettre au monde sa progéniture, c'est à coup sûr parce qu'elle a commis
un adultère et ils insistent pour lui arracher un
aveu qui est le seul moyen d'assurer sa déli-
vrance ; si elle cache le nom d'un seul des
divers amants auxquels elle a pu accorder ses
faveurs, l'enfant ne verra pas le jour. Les femmes
sont si convaincues qu'un adultère inavoué cause
ces douleurs à toute mère coupable, qu'une
femme qui sait que son enfant est illégitime va
secrètement se confesser à la sage-femme avant
de faire ses couches, dans l'espoir d'atténuer,
ou d'abréger ainsi ses douleurs [1]. Mieux encore,
les Thonga croient que l'adultère établit un lien
physique de sympathie mutuelle entre l'amant
et le mari lésé, si bien que la vie de l'un est en
quelque façon liée à la vie de l'autre ; bien mieux,
cette dépendance est censée s'établir entre deux
hommes quelconques qui ont eu des rapports
sexuels avec la même femme. Ainsi qu'un indigène l'expliquait à un missionnaire : « Ils se
sont rencontrés en une même vie par le sang de
cette femme ; ils ont bu à la même mare. » En
d'autres termes, il s'est créé entre eux un contrat

1. Henri-A. Junod, « Les conceptions physiologiques des
Bantous Sud-Africains et leurs Tabous », *Revue d'Ethnographie
et de Sociologie*, ɪ (1910), p. 150 ; *id., The Life of a South African
Tribe* (Neuchâtel, 1912-1913), ɪ, 38 *sq.*

du sang par l'intermédiaire de la femme. « Cela
établit entre eux une dépendance mutuelle des
plus curieuses. Si l'un tombe malade, l'autre ne
peut aller le voir ; le malade pourrait en mourir.
S'il s'enfonce une épine dans le pied, l'autre ne
doit point aider à l'en extraire. Cela est tabou ;
la blessure ne guérirait pas. S'il meurt, son rival
doit s'abstenir de paraître à ses funérailles, car
il mourrait lui-même. » En conséquence, si un
homme se rend coupable d'adultère, comme cela
arrive parfois, avec l'une des jeunes femmes de
son père, et que celui-ci meure, son fils irrévé-
rent n'a pas le droit de prendre le rôle qui autrement lui serait dévolu dans les rites funèbres.
S'il voulait assister à la cérémonie, les membres
de la famille le chasseraient par pitié, de crainte
qu'il n'exposât sa vie, en donnant cette marque
de respect, ou peut-être de remords [1]. Autre
exemple : les Akikuyu de l'Afrique orientale
britannique croient que si un fils entretient un
commerce adultère avec une des femmes de son
père, c'est le père innocent, et non le jeune vau-
rien, qui contracte une dangereuse infection
(*thahu*), dont l'effet est de le rendre malade et

1. Henri-A. Junod, « Les conceptions physiologiques des
Bantous Sud-Africains et leurs Tabous », *Revue d'Ethnographie
et de Sociologie* I (1910), p. 150 ; *id.*, *The Life of a South African
Tribe*, I, 194 *sq.*

émacié, ou encore se manifeste par des plaies et des clous, et même par une issue fatale, si le danger n'est pas détourné par l'intervention opportune d'un guérisseur [1]. Les Anyanja de l'Afrique centrale britannique croient que si un homme commet un adultère durant la grossesse de sa femme, elle mourra. C'est pourquoi, à la mort de sa femme, un mari est carrément accusé de l'avoir tuée par son infidélité [2]. Sans aller jusque-là, les Masaïs de l'Afrique orientale allemande estiment que, si un père touchait son enfant au lendemain d'un adultère, l'enfant tomberait malade [3]. D'après les Akamba de l'Afrique orientale britannique, si une femme, après avoir donné le jour à un enfant, est infidèle à son mari avant sa première menstruation, l'enfant périra à coup sûr [4]. Les Akamba croient également que, si une femme est coupable d'inceste

1. C. W. Hobley, « Kikuyu Customs and Beliefs », *Journal of the Royal Anthropological Institute*, XL (1900), p. 433. Les Akikuyu croient qu'un état analogue de souillure cérémoniale (*thahu*), se manifeste en maintes autres occasions, énumérées par M. Hobley (*op. cit.*, pp. 428-440). Voir plus bas, note 2, p. 215.

2. H. S. Stannus, « Notes on some Tribes of British Central Africa », *Journal of the Royal Anthropological Institute*, XL (1910), p. 305. Cp. R. C. F. Maugham, *Zambezia* (Londres, 1910), p. 326.

3. Max Weiss, Die Völkerstämme im *Norden Deutsch-Ostafrikas* (Berlin, 1910), p. 385.

4. C. W. Hobley, *Ethnology of Akamba and other East African Tribes* (Cambridge, 1910), p. 61.

avec son frère, elle ne pourra donner le jour à
l'être conçu de ses œuvres. Dans ce cas, l'homme
doit expier son péché en apportant un grand
bouc aux anciens de la tribu, et la femme est
cérémonieusement barbouillée du contenu de
l'estomac de l'animal [1].

Chez les Ouashambas de l'Afrique orientale
allemande, il arriva qu'une femme mariée perdit
trois enfants l'un après l'autre. Un devin, appelé
pour déterminer de la cause de cette calamité,
l'attribua à un inceste dont cette femme avait
été accidentellement coupable avec son père [2].

De même, la notion paraît courante chez les
sauvages que l'infidélité de la femme empêche
le mari d'abattre du gibier, et va jusqu'à l'exposer au risque imminent d'être tué ou blessé par
des bêtes féroces. Cette croyance est vivace chez
les Ouagogo et autres peuplades de l'Afrique
orientale, chez les Indiens Moxos de la Bolivie,
et chez les chasseurs de loutres Aléoutiens. Le
moindre accident qui survient au mari durant
une chasse est mis par lui au compte de l'inconduite de sa femme restée à la maison ; il rentre
furieux et se venge de sa malchance sur l'objet,

1. C. W. Hobley, op. cit., p. 103.
2. A. Karasek, « Beiträge zur Kenntniss der Waschambaa »,
Baessler-Archiv, I (1911), p. 186.

souvent innocent, de ses soupçons, allant parfois jusqu'à l'effusion de sang[1]. Pendant que les
Indiens Huichols du Mexique sont en quête d'une
espèce de cactus qu'ils considèrent comme sacrée,
leurs femmes, demeurées au logis, sont tenues
d'observer une parfaite chasteté ; autrement,
pensent-elles, la maladie s'abattrait sur elles et
compromettrait le succès de l'expédition de leurs
maris[2]. Un ancien auteur, parlant de Madagascar, rapporte que les femmes malgaches, bien
que voluptueuses, ne se laissent jamais aller à
une liaison tant que leurs maris sont à la guerre,
car elles croient qu'une infidélité commise en de
telles circonstances exposerait l'époux absent à
des blessures ou à la mort[3].

Les Baganda de l'Afrique centrale parta-
geaient ces façons de voir, quant aux funestes
effets que l'adultère de la femme peuvent produire sur le mari parti à la guerre ; ils croyaient

1. P. Reichard, *Deutsch Ostafrika* (Leipzig, 1892), p. 427 ;
H. Cole, « Notes on the Wagogo of German East Africa », *Jour-
nal of the Anthropological Institute*, XXXII (1902), pp. 318 *sq.* :
A. d'Orbigny, *Voyage dans l'Amérique méridionale*, III. Part. I
(Paris et Strasbourg, 1844), p. 226 ; Ivan Petroff, *Report on the
Population, Industries, and Resources of Alaska*, p. 155.

2. C. Lumholtz, *Unknown Mexico* (Londres, 1913), II, 128 *sq.*

3. De Flacourt, *Histoire de la Grande Isle Madagascar* (Paris,
1658), pp. 97 *sq.* Comparer John Struys, *Voiages and Travels*
(Londres, 1684), p. 22 ; Abbé Rochon, *Voyage to Madagascar and
the East Indies*, traduit du français (Londres, 1792), pp. 46 *sq.*

que les dieux s'indignaient d'une telle inconduite et retiraient leur faveur et leur protection
au combattant, punissant ainsi l'innocent au
lieu de la coupable. On allait jusqu'à croire que
si une femme touchait à des vêtements d'homme
tandis que son mari était à l'armée, cette imprudence porterait malheur aux armes de ce dernier et pourrait même lui coûter la vie. Les
dieux des Baganda étaient fort pointilleux
quant à l'observance des tabous par les femmes
durant l'absence de leurs maris, et à leur
complet isolement de la société des hommes.
A son retour de la guerre, un homme éprouvait
la fidélité de sa femme en buvant de l'eau d'une
jarre qu'elle lui tendait avant qu'il eût franchi
le seuil. Si la femme l'avait trompé pendant
son absence, l'eau était censée le rendre malade ; s'il advenait dans la suite que l'homme
tombât malade après avoir bu de cette eau, sa
femme était immédiatement mise aux ceps et
accusée d'adultère ; si elle avouait sa faute, et
désignait son amant, le coupable était condamné
à une forte amende, ou même mis à mort[1].
Chez les Bangala ou les Boloki du Congo
supérieur, « quand les maris partaient en expé-

_____

1. J. Roscoe, *The Baganda* (Londres, 1911), pp. 352, 362,
363 *sq.*

dition contre des villages éloignés, on comptait que leurs femmes ne commettraient point d'adultère avec les hommes qui restaient au village, sans quoi les maris essuieraient des coups de lance de l'ennemi. Les sœurs des combattants prenaient toutes sortes de précautions pour empêcher l'inconduite des femmes de leurs frères, tant que ces derniers étaient absents » [1]. Autre exemple encore : chez les Indiens Haïdas des îles de la Reine Charlotte, pendant que les hommes étaient à la guerre, les femmes « couchaient toutes dans la même maison pour se surveiller mutuellement ; car, si une femme trompait son mari, celui-ci serait probablement tué au combat [2] ». Si seulement le roi David avait partagé cette opinion, il aurait pu se contenter d'un crime simple, au lieu de double, et se serait dispensé d'envoyer l'ordre machiavélique de placer le mari qu'il avait trompé sur le front de la bataille [3] !

1. John H. Weeks, « Anthropological Notes on the Bangala of the Upper Congo River », *Journal of the Royal Anthropological Institute*, xl (1910), p. 413 ; *id., Among Congo Cannibals* (Londres, 1913), p. 224.

2. J. R. Swanton, « Contributions to the Ethnology of the Haïda », p. 56 (*The Jesup North Pacific Expedition, Memoir of the American Museum of Natural History*, vol. V. Part i., Leyde et New-York, 1905).

3. Cf. *Bible*, 2 Samuel, XI.

Les Zoulous se figurent qu'une femme infidèle qui touche à l'équipement de son mari sans avoir mangé auparavant de certaines herbes, est cause qu'il est saisi d'un accès de toux dont il meurt tôt après. De plus, chez les Zoulous, il est fait défense « à tout homme qui a eu des rapports criminels avec la femme d'un malade, de pénétrer dans la chambre de celui-ci ; et s'il s'agit d'une femme malade, aucune femme coupable d'adultère avec le mari ne doit lui rendre visite. Si l'on passe outre et que la visite ait lieu, le malade, dit-on, est immédiatement pris d'une sueur froide, dont il meurt. On estimait que cette interdiction révélait les infidélités des femmes, et leur faisait redouter d'être découvertes [1] ». Pour une raison apparemment analogue, la tribu d'un chef cafre était tenue, durant la maladie de celui-ci, d'observer, sous peine de mort, la plus stricte continence [2]. Il semble qu'on ait cru que, par quelque effet de sympathie magique, tout acte d'incontinence serait fatal au chef malade.

Les Ovakumbi, tribu du sud de l'Angola,

---

1. « Mr. Farewell's Account of Chaka, the King of Natal », appendice à W. F. W. Owen, *Narrative of Voyages to explore the Shores of Africa, Arabia, and Madagascar* (Londres, 1833), II, 395.

2. L. Alberti, *De Kaffers* (Amsterdam, 1810), p. 171.

croient que le commerce charnel de jeunes gens
impubères causerait la mort du roi dans l'année,
si la faute n'était rigoureusement punie. Le
châtiment pour ce crime de haute trahison était
jadis la mort[1]. De même, dans le royaume du
Congo, lorsque le sacré pontife, dit *Chitomé*,
faisait des tournées dans le pays, tous ses sujets
devaient vivre dans une stricte continence, et
toute personne reconnue coupable d'incontinence
à ces moments-là était mise à mort sans merci.
On estimait qu'une chasteté générale était essen-
tielle à la conservation de la vie du pontife,
vénéré en qualité de chef de la religion et de père
commun. C'est pourquoi, lorsqu'il se déplaçait,
il prenait soin d'en faire avertir ses sujets par le
crieur public, afin que nul ne pût arguer de son
ignorance pour excuser un manquement à la
loi[2].

Parlant de la même région de l'Afrique occidentale, un ancien auteur nous apprend que
« la chasteté conjugale est singulièrement res-
pectée chez ces peuplades ; l'adultère y est mis
au rang des plus grands crimes. Selon une

1. C. Wunenberger, « La Mission et le Royaume de Humbé,
sur les bords du Cunène », *Les Missions Catholiques*, XX (1888),
p. 262.

2. J. B. Labat, *Relation historique de l'Éthiopie occidentale*
(Paris, 1732), I, 259 *sq.*

opinion universellement reçue, les femmes sont persuadées que, si elles se rendent coupables d'infidélité, les plus graves malheurs les accableront, à moins qu'elles ne les détournent en avouant leur faute à leur mari, et en obtenant de lui le pardon du tort qu'elles ont pu lui causer [1] ».

Les Looboos de Sumatra croient qu'une jeune femme non mariée et sur le point d'être mère tombe, par cette faute, dans un état dangereux appelé *looï*, qui lui fait semer le malheur partout où elle va. Aussi, lorsqu'elle pénètre dans une maison, essaye-t-on de l'en chasser de vive force [2]. Chez les Sulka de la Nouvelle-Bretagne, les individus non mariés coupables d'inconduite sont censés contracter de ce fait une souillure fatale (*sle*) dont ils mourront, s'ils n'avouent leur faute et ne se soumettent à une cérémonie publique de purification. On évite ces gens-là ; personne n'accepte quoi que ce soit de leurs mains ; les parents les montrent du doigt à leurs enfants et leur recommandent de ne pas s'en

1. Proyart, « History of Loango, Kakongo, and other Kingdoms in Africa », dans Pinkerton, *Voyages and Travels* (Londres, 1808-1814), xvi, 569.

2. J. Kreemer, « De Loeboes in Mandailing », *Bijdragen tot de Taal-Land en Volkenkunde van Nederlandsch-Indië*, lxvi (1912), p. 323.

approcher. La contagion qu'ils sont censés
répandre est apparemment d'une nature physique
plutôt que morale ; car on prend un soin tout
particulier pour tenir éloignés d'eux les acces-
soires de la danse rituelle ; la seule présence de
ces individus suffirait, croit-on, à ternir la peinture de ces instruments. Les individus qui ont
contracté cette dangereuse souillure s'en débarrassent en buvant de l'eau de mer où macèrent
des noix de coco et du gingembre en tranches ;
après quoi on les pousse à la mer. En sortant
de l'eau, ils enlèvent les vêtements ruisselants
qu'ils portaient durant leur état d'impureté et
les jettent. Cette purification est censée leur
sauver la vie, qu'autrement ils auraient perdue
par suite de leur incontinence [1].

Chez les Buduma du lac Tchad, en Afrique
centrale, aujourd'hui encore « un enfant né
hors du mariage est regardé comme une honte,

1. P. Rascher, « Die Sulka, ein Beitrag zur Ethnographie
Neu-Pommern », *Archiv für Anthropologie*, xxix (1904), p. 211 ;
R. Parkinson, *Dreissig Jahre in der Südsee* (Stuttgart, 1907),
pp. 179 *sq.* Dans l'île de Buru (Indes Orientales), on croit parfois
que la mort d'un homme est due à l'adultère de sa femme ; mais
on a apparemment l'idée que cette mort est causée par la magie
néfaste du coupable plutôt que par l'acte adultère lui-même.
Voir J. H. W. van der Miesen, « Een enander oner Boeroe,
inzonderheit wat betreft het distrikt Waisama, gelegen aan de
Z.-O. Kust », *Mededeelingen van wege het Nederlandsche Zendeling genootschap*, XLVI (1902), pp. 451-454.

et doit être noyé. Si cela n'est point fait, de redoutables malheurs pourront affliger la tribu. Tous les hommes tomberont malades, et les femmes, les vaches et les chèvres seront sté- riles [1] ».

Ces exemples peuvent suffire à montrer que, chez de nombreuses races, l'inconduite sexuelle, sous forme d'adultère, ou de fornication, ou d'inceste, est censée entraîner à elle seule, naturellement et inévitablement, sans l'inter- vention de la société, des conséquences de la plus haute gravité, non seulement pour les cou- pables eux-mêmes, mais aussi pour la commu- nauté. Elle va souvent jusqu'à menacer l'exis- tence de la population entière, en anéantissant les ressources alimentaires. J'ai à peine besoin de rappeler que toutes ces croyances sont entiè- rement dépourvues de fondement ; aucune con- séquence de cette nature ne découle d'actes sem- blables ; en un mot, les croyances en question sont superstition pure. Et pourtant on ne sau- rait douter que, partout où cette superstition a existé, elle a dû servir de motif puissant pour empêcher de pratiquer l'adultère, l'inceste et la fornication. S'il en est ainsi, je crois avoir prouvé

1. P. A. Talbot, « The Buduma of Lake Chad », *Journal of the Royal Anthropological Institute*, XLI (1911), p. 247.

ma troisième proposition, à savoir : que, chez
certaines races et à certaines époques, la superstition a affermi le respect du mariage, contribuant ainsi à l'observance plus rigoureuse
des règles de la morale sexuelle, à la fois parmi
les individus mariés, et parmi ceux qui ne
le sont pas.

IV

DU RESPECT DE LA VIE HUMAINE

J'aborde maintenant ma quatrième et dernière proposition, à savoir : que, chez certaines races et à certaines époques, la superstition a affermi le respect de la vie humaine, contribuant ainsi à en assurer la jouissance.

La superstition qui, en particulier, a eu cet effet salutaire est la crainte des revenants, principalement des personnes assassinées. La crainte des revenants est très répandue, peut-être universelle, chez les sauvages ; elle a à peine disparu parmi nous. Si elle venait à disparaître, certaines sociétés savantes n'auraient plus qu'à fermer boutique. Morte ou vive, la crainte des revenants n'a certainement pas été un bienfait sans mélange. A vrai dire, on pourrait soutenir avec quelque apparence de raison que nulle croyance n'a retardé davantage le progrès économique et, partant, le progrès social de l'humanité, que la croyance à l'immortalité de l'âme ; car elle a

incité race après race, et génération après génération, à sacrifier les besoins réels des vivants
aux besoins imaginaires des morts. Le gaspil-
lage et la perte de vies et de biens occasionnés
par cette croyance sont incalculables. Sans
entrer dans des détails, j'illustrerai par un unique
exemple les conséquences désastreuses, aux
points de vue économique, politique, et moral,
qui découlent de cette destruction systématique
de la propriété à laquelle la crainte des morts a
contraint de nombreuses races. Parlant des
Patagons, le voyageur intelligent et averti
qu'était d'Orbigny remarque ce qui suit :

« Ils n'ont aucunes lois, aucunes punitions
contre les coupables. Chacun vit à sa manière,
et le plus grand voleur est le plus estimé,
comme le plus adroit. Un motif qui les empêchera toujours de cesser de voler, en même
temps qu'il devra s'opposer à ce qu'ils forment
jamais d'établissements fixes, est le préjugé
religieux qui, à la mort de l'un d'entre eux, les
oblige à détruire ses biens. Le Patagon qui,
dans toute sa carrière, se sera formé un patri-
moine en volant les blancs, ou en échangeant,
avec des nations voisines, le produit de sa
chasse, n'aura rien fait pour ses héritiers ; toutes
ses économies sont anéanties avec lui, et ses

enfants sont obligés de reconstruire sur nouveaux frais leur fortune ; usage, pour le dire en
passant, retrouvé chez les Tamanaques de l'O-
rénoque qui ravagent le champ du défunt et
coupent les arbres qu'il a plantés[1] ; et parmi les
Yuracarès, qui abandonnent et ferment la maison
du mort, regardant comme une profanation de
cueillir un seul fruit des arbres de son champ.
On sent qu'avec de telles manières ils ne peuvent nourrir de véritable ambition, puisqu'ils
n'ont besoin que pour eux ; c'est une des causes
de leur indolence naturelle et un motif qui
s'opposera toujours, tant qu'elle existera, aux
progrès de leur civilisation. Pourquoi s'occu-
peraient-ils de l'avenir, puisqu'ils n'en doivent
rien espérer ? Le présent est tout à leurs yeux,
et tout intérêt est individuel. Le fils ne soignera
pas le troupeau du père, puisqu'il ne doit pas
lui revenir ; il s'occupe de lui seul et, de bonne
heure, songe à se ménager, à se chercher des
ressources. Cette coutume a bien son point de
vue moral, en ce qu'elle détruit la convoitise
dans les héritiers, qui ne sauraient s'en préoc-
cuper comme on ne le voit que trop souvent
dans nos cités. Le désir ou l'espoir d'un prompt

---

1. Humboldt, *Voyage aux régions équinoxiales*, t. VIII, p. 273.

décès de leurs parents ne peut exister puisque
ceux-ci ne leur laisssent absolument rien ; mais,
d'un autre côté, si les Patagons avaient conservé
des propriétés héréditaires, ils seraient sans
aucun doute aujourd'hui possesseurs de nombreux troupeaux, et nécessairement plus à
craindre pour les blancs, puisqu'alors leur puissance eût plus que doublé ; tandis que leurs
mœurs actuelles les laissent infailliblement dans
un état stationnaire dont un changement total
pourra seul les affranchir [1]. » Ainsi, la pauvreté,
l'indolence, l'imprévoyance, la faiblesse politique, et toutes les vicissitudes d'une existence
nomade sont le misérable lot que la terreur des
morts a infligé à ces pauvres Indiens. Bien
lourd est le tribut que la superstition extorque
de tous ceux qui franchissent son ténébreux por-
tail !

1. Alcide d'Orbigny, *Voyage dans l'Amérique méridionale*, II
(Paris et Strasbourg, 1839-1843) pp. 99 sq. En ce qui concerne
la tendance au vol chez les Patagons, le même auteur nous
apprend (*op. cit.* p. 104) que « ils ne se volent pas entre eux ;
mais leurs parents, dès leur tendre enfance, leur font considérer
le vol sur l'ennemi comme la base de leur éducation, comme
l'une des qualités indispensables à quiconque veut parvenir,
comme une chose ordonnée par le génie du mal ; si bien que,
lorsqu'on leur reproche quelque rapt, ils disent toujours que
Achekenat-Kanet le leur a ordonné ». Achekenat-Kanet est
l'être surnaturel qui, sous des noms divers, est révéré ou redouté
de toutes les tribus indiennes de Patagonie. « Il est tour à tour
génie du mal ou génie du bien. » (*op. cit.* II, 87).

Mais je n'ai pas à m'inquiéter ici des conséquences désastreuses et déplorables, des folies,
des crimes, et des misères indescriptibles qu'a
engendrés dans la pratique cette théorie d'une
vie future. Je ne m'occupe actuellement que de
l'aspect le plus agréable du sujet : de la terreur
bienfaisante — quoique dénuée de fondement —
qu'engendrent les esprits, les apparitions, et les
spectres dans l'âme des scélérats endurcis et
des énergumènes. Dans la mesure où ces individus réfléchissent et règlent leurs passions sur
les préceptes de la prudence, il est clair que la
crainte de représailles de la part du fantôme
irrité de leur victime doit imposer un frein salutaire à leurs tendances séditieuses; elle doit
renforcer leur appréhension d'un châtiment
purement séculier, et faire doublement hésiter
les individus emportés et malintentionnés qui
seraient sur le point de se souiller les mains de
sang. Cela est si évident, et la crainte des revenants est si notoire, qu'on pourrait admettre
ces deux propositions sans autre preuve. Mais
pour être complet, j'en donnerai quelques illustrations que je prends presque au hasard dans
les races lointaines afin de marquer la grande
diffusion de cette superstition particulière. Je
m'efforcerai de montrer que, si tous les spectres

sont redoutés, ceux des victimes d'un meurtre le sont tout spécialement de leurs assassins.

Les Grecs de l'antiquité croyaient que l'âme de quiconque venait d'être tué, en voulait à son assassin et le poursuivait ; c'est pourquoi un homicide, même involontaire, devait abandonner son pays une année durant pour laisser au courroux du mort le temps de s'apaiser. L'assassin ne pouvait revenir avant qu'on eût offert un sacrifice et accompli certains rites purificateurs. S'il arrivait que la victime fût un étranger, l'homicide devait éviter le pays du mort, aussi bien que le sien propre[1]. La légende d'Oreste le matricide, qui le montre errant de lieu en lieu, poursuivi et affolé par le spectre de sa mère assassinée, reflète fidèlement cette antique conception grecque du sort que le fantôme fait subir à l'assassin[2].

Mais il importe de noter que non seulement l'homicide harcelé vit dans la terreur du spectre de sa victime ; il devient lui-même un objet de crainte et d'aversion pour la communauté tout entière, en raison de l'esprit courroucé et dan-

1. Platon, *Lois.* IX, 8, pp. 865 D, 866 A ; Démosthène, XXIII, pp. 643 *sq.* ; Hésychius *s. v.* ἀπενιαντισμός.

2. Eschyle, *Les Choëphores*, 1021 *sq* ; *Les Euménides*, 85 *sq.* ; Euripide, *Iphigénie en Tauride*, 940 *sq.* ; Pausanias, II, 31, 8, VIII. 34, 1-4.

gereux qui le talonne. Il ést probable que ce
fut davantage par une considération de légitime
défense que par égard pour le meurtrier, que la
loi attique obligeait ce dernier à quitter le pays.
Les considérants de cette loi font nettement
ressortir ce principe. Tout d'abord : pour partir
en exil l'homicide devait suivre un chemin
désigné[1]; il eût évidemment été hasardeux de
le laisser errer dans la campagne avec un spectre
irrité à ses trousses... En second lieu : si une
nouvelle accusation se trouvait portée contre un
homicide banni, il était autorisé à revenir en
Attique pour plaider sa cause, mais il n'avait
pas le droit de mettre pied à terre ; il lui fallait
parler du bord d'un vaisseau ; et le navire
même ne devait ni jeter l'ancre, ni lancer une
passerelle. Les juges évitaient tout contact avec
le coupable, et tranchaient le cas assis ou
debout, de la rive[2]. Il est clair que ce règlement
avait pour fin d'*isoler* littéralement le meurtrier,
de crainte qu'en touchant le sol de l'Attique,
même d'une façon indirecte, par l'ancre ou la
passerelle, il ne ravageât la province par une sorte

1. Démosthène, XXIII, pp. 643 *sq*.

2. Démosthène, XXIII, pp. 645 *sq*.; Aristote, *Constitution
d'Athènes*, 57 ; Pausanias, I, 28 ; Pollux, VIII, 120 ; Helladius,
cité par Photius, *Bibliotheca*, p. 535a, vers 28 *sq*., édit., Bekker
(Berlin, 1824).

de décharge électrique, comme nous dirions ;
tandis que les Grecs auraient dit que cette
dévastation résultait du contact avec le spectre,
par une espèce d'émanation délétère. Pour la
même raison, si un meurtrier, se trouvant en
mer, venait à faire naufrage sur la côte du pays
où il avait perpétré son crime, il avait le droit de
camper sur la grève jusqu'à ce qu'un autre vaisseau vînt l'y reprendre, mais on exigeait qu'il
demeurât constamment les pieds dans l'eau [1],
évidemment pour neutraliser la contagion spectrale et l'empêcher de se communiquer au sol.
Pour la même raison encore, lorsque la belli-
queuse population de Cynaetha, en Arcadie,
ayant commis un massacre particulièrement
abominable, envoya des ambassadeurs à Sparte,
tous les états d'Arcadie que ces derniers devaient
traverser les chassèrent du pays ; et après leur
départ, les habitants de Mantinée se purifièrent
corps et biens, en immolant des victimes et en
les promenant dans la ville et dans tout le pays [2].
De même, lorsque les Athéniens apprirent le massacre d'Argos, ils firent circuler des offrandes
purificatrices dans l'assemblée publique [3].

1. Platon, *Lois*, IX. 8, p. 866 c. d.
2. Polybe, IV, 17-21.
3. Plutarque, *Praecept. ger. reipub.* XVII, 9.

Il est certain que toutes ces pratiques ont
leur racine dans la crainte du dangereux fantôme qui hante le meurtrier, et contre lequel la
communauté entière aussi bien que l'homicide
lui-même doit se tenir sur ses gardes. L'usage
grec, à cet égard, se reflète clairement dans
la légende d'Oreste ; les habitants de Trézène,
dit-on, refusèrent de l'admettre chez eux tant
qu'il ne serait point purifié de son crime [1], c'est-
à-dire : tant qu'il ne serait point débarrassé du
spectre de sa mère.

Les Akikuyu de l'Afrique orientale britannique croient que, lorsqu'un assassin vient coucher dans un village et partager dans sa hutte le
repas d'une famille, les personnes avec qui il a
mangé contractent une dangereuse souillure, qui
peut leur être fatale si le guérisseur n'en prévient
à temps les effets. La peau même sur laquelle
l'homicide a dormi s'est imprégnée de la souillure et est susceptible d'infecter quiconque s'y
étendra pour dormir. C'est pourquoi on mande
un guérisseur pour purifier la hutte et ses occupants [2].

1. Pausanias, II, 31, 8.
2. C. W. Hobley, « Kikuyu Customs and Beliefs », *Journal
of the Royal Anthropological Institute*, XL (1910), p. 431. La nature
de la pollution (*thahu*) ainsi encourue est expliquée comme suit
par M. Hobley (*op. cit.*, p. 428) : « *Thahu*, appelé parfois *ngahu*,

Le mode grec de purification en cas d'homicide, consistait à immoler un cochon de lait
dans le sang duquel le coupable se lavait les
mains ; tant que cette cérémonie n'avait pas été
accomplie, l'homicide n'avait pas le droit de
parler[1]. Chez les tribus montagnardes près de
Rajamahal, au Bengale, lorsque deux hommes
se querellent et qu'il y a effusion de sang, celui
qui a blessé l'autre est condamné à sacrifier un
porc ou un poulet « dont le sang est répandu
sur le blessé, pour le purifier et l'empêcher
d'être la proie d'un démon[2] ». En ce cas, l'as-

est le mot employé pour désigner la condition où est censée être
tombée une personne qui devient accidentellement victime de
certaines circonstances, ou qui accomplit volontairement certains actes impliquant quelque malchance ou quelque malédiction. Une personne qui est *thahu* s'émacie, tombe malade, ou se
couvre d'éruptions et de pustules ; elle périra probablement si le
thahu n'est pas effacé. Ceci se produit indubitablement dans
bien des cas par un processus d'auto-suggestion, car il ne saurait
venir à l'esprit des Kikuyu de se montrer sceptiques à l'égard
d'un tel sujet. On dit que la condition *thahu* est causée par les
ngoma ou esprits des ancêtres défunts, mais le processus ne
paraît pas avoir été analysé avec plus de détails. » Cf. également
plus haut, pp. 172 et 195.

1. Eschyle, *Les Euménides*, II, 280 *sq.*. 448 *sq.* ; *id.*, cité par
Eustathius à propos d'Homère, *Iliade*, XIX, 254, pp. 11-83,
ἐπιτήδειος ἐδόκει πρὸς καθαρμὸν ὁ σῦς, ὡς δηλοῖ Αἰσχύλος ἐν
τῷ, πρὶν ἄν παλαγμοῖς αἵματος χοιροκτόνου αὐτός σε χρᾶναι
Ζεὺς καταστάξας χεροῖν. Apollonius de Rhode, *Argonaut.* IV,
703-717, avec les notes du scoliaste. Des purifications de cette
nature se trouvent figurées dans l'art grec. Voir ma note sur
Pausanias, II, 31, 8 (vol. III, pp. 276 *sq.*).

2. Lieutenant Thomas Shaw, « The inhabitants of the Hills

persion du sang est expressément destinée à empêcher la personne d'être hantée par un esprit. Seulement ce n'est pas l'agresseur, mais sa victime que l'on croit en danger et qui, par conséquent, a besoin d'être purifiée. Nous avons vu que dans ces tribus sauvages et dans diverses autres, on asperge êtres et choses de sang de porc pour les laver de la souillure des crimes sexuels [1]. Chez les nègres du Cameroun, dans l'Afrique occidentale, tout homicide par imprudence peut s'expier au moyen de sang d'animal. Les parents de l'assassin et ceux de la victime se réunissent. On tue un animal, et l'on barbouille de son sang le visage et la poitrine de tous les assistants. On estime que le crime se trouve ainsi expié, et que nul châtiment ne s'abattra désormais sur le coupable [2]. Dans le Car Nicobar, on exorcise un individu possédé du démon en lui barbouillant tout le corps de sang de porc et en le fustigeant avec des feuilles. Les démons sont alors censés passer comme des mouches du corps sur les feuilles, que l'on plie pour les lier étroitement avec une ficelle d'espèce

near Rajamahall », *Asiatic researches*, 4ᵉ édit. (Londres, 1807), IV, p. 78, comparer p. 77.

1. Voir ci-dessus, pp. 80 *sq.*

2. Autenrieth, « Zur Religion der Kamerun-Neger », *Mitteilungen der geogr. Gesellschaft zu Iena*,, XII (1913), pp. 93 *sq.*

particulière. Un exorciste professionnel admi-
nistre la volée et, à chaque coup qu'il frappe
avec les feuilles, il tombe face contre terre en
s'écriant sur un ton aigu : « Voici un démon ».
Cette cérémonie s'accomplit de nuit; avant le
point du jour, tous les paquets de feuilles qui
contiennent les démons sont jetés à la mer[1].
Les Grecs employaient des feuilles de laurier
aussi bien que du sang de porc pour leurs cérémonies purificatrices[2].

On peut présumer que, dans tous les cas analogues, la purification a été conçue à l'origine
comme ayant une nature physique plutôt que
morale ; c'était une sorte de purgation susceptible de laver, de nettoyer, ou de gratter la souillure du spectre ou du démon qui infectait un
individu possédé ou hanté. La raison pour
laquelle on se servait de sang dans ces rites de
purification n'est pas très claire. Peut-être la
vertu purgative qu'on lui attribuait, était-elle
fondée sur cette idée que l'esprit offensé accep-
tait ce sang en substitut du sang versé[3]. Néan-

---

1. V. Solomon, « Extracts from Diaries kept in Car Nicobar »,
Journal of the Anthropological Institute, XXXII (1902), p. 227.

2. Voir ma note sur *Pausanias*, II, 31, 8 (vol. III, pp. 276 *sq*.).

3. C'est là l'opinion de C. Meiners (*Geschichte der Religionen*,
Hanovre, 1806-1807, II. 137 *sq*.), et de E. Rhode (*Psyche*, 3,
Tubinge et Leipzig, 1903). II, 77.

moins, il est peu probable que cette explication convienne à tous les cas où l'on répand le sang en mode de purification. Il est à coup sûr étrange, comme le remarquait il y a fort long-temps le sage Héraclite, que des taches de sang puissent se trouver effacées par d'autres taches de sang, comme si un individu tout éclaboussé de boue pensait se nettoyer en pataugeant dans plus de boue encore [1]. Mais les voies de l'homme sont merveilleuses et dépassent parfois notre entendement.

Une curieuse histoire rapportait qu'Oreste, devenu fou pour avoir tué sa mère, recouvra la raison en se coupant un des doigts avec les dents ; les Furies du cadavre de sa mère qui lui avaient paru noires jusqu'alors, lui parurent blanches dès qu'il se fut ainsi mutilé ; on eût dit que le goût de son sang avait suffi à écarter et à désarmer le spectre courroucé [2]. Nous pouvons inférer, d'après les pratiques de certains sau-vages, comment le sang a pu être censé produire ce résultat. Les Indiens de la Guyane croient qu'un vengeur de sang qui a tué son adversaire devient fou à moins qu'il ne goûte du sang de

1. Héraclite, dans H. Diels, *Die Fragmente der Vorsokratiker* (Berlin, 1906), p. 62.

2. *Pausanias*, VIII, 34, 3.

sa victime ; on pense apparemment que l'ombre
du mort trouble sa raison tout comme l'ombre
de Clytemnestre rendit insensé Oreste qui, lui
aussi, on se le rappelle, était un vengeur de
sang. Afin d'écarter cette conséquence, l'Indien
homicide se rend sur la tombe de sa victime la
troisième nuit qui suit le crime ; il perce le
cadavre à l'aide d'un bâton bien acéré, et après
l'avoir retiré, suce le sang du mort. Après quoi
il rentre chez lui, l'âme tranquille, persuadé
qu'il a rempli son devoir et qu'il n'a plus rien
à redouter de la part du spectre[1]. Les Maoris
procédaient à la guerre d'une façon analogue.
Quand un guerrier avait tué son ennemi au combat, il goûtait de son sang, croyant se garantir
ainsi contre l'esprit vengeur (atua) de sa victime ;
car on s'imaginait que « du moment où le meurtrier avait goûté du sang du mort, celui-ci faisait partie de son être et le mettait sous la protection de l'atua, ou esprit gardien du défunt[2]. »
Ainsi, dans l'opinion de ces sauvages, en avalant
une parcelle de leur victime ils se l'incorpo-
raient, et d'ennemi qu'elle était, ils s'en faisaient

1. Rev. J. H. Bernau, *Missionary Labours in British Guiana*
(Londres, 1847). pp. 57 sq. ; R. Schomburgk, *Reisen in British-
Guiana* (Leipzig, 1847-1848), II, 497.

2. J. Dumont d'Urville, *Voyage autour du monde et à la
recherche de la Pérouse* (Paris, 1832-1833), III, 305.

leur ami ; ils établissaient, au sens le plus étroit
du mot, un pacte de sang avec elle.

Les Indiens Aricaras buvaient également le
sang de leurs ennemis et publiaient cet exploit
en s'imprimant une main sanglante sur le
visage[1]. La raison de cette pratique a pu être,
comme pour les Maoris, un désir de s'approprier,
partant de désarmer l'esprit de leur ennemi.
Dans l'antiquité, certaines peuplades Scythes
buvaient le sang des premiers ennemis qu'ils
tuaient ; et ils goûtaient aussi le sang des amis
avec qui ils passaient un traité, car « ils considéraient cet acte comme le plus sûr gage de
bonne foi[2]. » La raison de ces deux usages est
probablement la même. « Aujourd'hui encore,
quand un individu d'une autre tribu a été tué
par un Nandi, il faut que son sang, soigneusement égoutté de la lance ou de l'épée en une
coupe d'herbe, soit bu par l'assassin. Si celui-ci
y manquait, il deviendrait fou, croit-on[3]. » De
même, dans certaines tribus du bas Niger « il
est habituel et nécessaire pour le bourreau de
lécher le sang qui est sur la lame » ; de plus,

1. John Bradbury, *Travels in the Interior of America* (Liverpool, 1817), p. 160.
2. Pomponius Mela, *Chorogr.*, II, 12, p. 35 ; édit. G. Parthey
(Berlin, 1867).
3. A. C. Hollis, *The Nandi* (Oxford, 1909), p. 27.

« l'usage de lécher le sang de l'épée avec laquelle
un individu a été tué à la guerre est commun à
toutes ces tribus, et l'explication, généralement
acceptée, que m'en a donnée l'Ibo, est que, si on
y manquait, le meurtre affecterait les criminels
de telle sorte qu'ils feraient des victimes dans
leur propre groupe ; car la vue et l'odeur du sang
les affolent complètement et les rendent aveugles
à toutes les conséquences. Ce lèchement de sang
est pour eux le seul remède certain, l'unique
moyen de guérir[1]. » De même, parmi les Shans
de Birmanie, « la curieuse coutume existait pour
les bourreaux de goûter du sang de leurs victimes, car ils croyaient que, faute de s'y conformer,
la maladie et la mort suivraient à brève échéance.
En certaines époques reculées, les soldats Shans
mordaient toujours le corps des hommes qu'ils
tuaient au combat[2]. »

Si étrange que cela puisse paraître, cette

1. Major A. G. Leonard, *The Lower Niger and its Tribes*
(Londres, 1906), pp. 180 *sq*.

2. Mrs Leslie Milne, *Shans at Home* (Londres, 1910), p. 192.
Chez les Shans, « en un cas de peine capitale, il y avait plusieurs
exécuteurs, et chacun essaya d'éviter d'infliger le coup fatal, pour
que le péché d'avoir tué le coupable retombât sur plusieurs
et fût ainsi réparti. Le malheureux fut mis à mort à coups d'épée
répétés dont aucun n'était suffisant à le tuer, et il mourut plutôt
d'une perte de sang que d'un coup mortel » (*op. cit.*, pp. 191
sq.). Peut-être chacun des bourreaux craignait-il d'être hanté
par le spectre de sa victime, s'il l'achevait réellement.

superstition positivement sauvage semble exister encore de nos jours en Italie. L'opinion est fort répandue en Calabre que, si un meurtrier veut échapper aux poursuites, il devra lécher le sang de sa victime sur le poignard dont il s'est servi[1]. Peut-être pouvons-nous comprendre à présent pourquoi le matricide Oreste parut recouvrer la raison, dès qu'il se fut enlevé un doigt. En buvant de son propre sang, qui était aussi celui de sa victime, puisqu'elle était sa mère, on peut supposer qu'il avait conclu un pacte avec le spectre qui, d'ennemi qu'il était, lui devint ami. Les Kabyles de l'Afrique du Nord croient qu'un assassin est à l'abri de tout danger, s'il saute sept fois par-dessus la tombe de sa victime pendant les trois ou les sept jours qui suivent le crime. C'est pourquoi on monte soigneusement la garde auprès de la tombe du défunt[2].

Les Lushaï du nord-est de l'Inde croient que si un homme tue son ennemi, l'esprit de la victime le hantera et il deviendra fou, s'il n'accomplit une certaine cérémonie qui le rendra maître de l'âme du mort dans l'autre monde. Cette cérémonie comporte l'immolation d'un animal,

---

1. Vincenzo Dorza, *La Tradizione greco-latina negli usi e nelle credenze popolari della Calabria Citeriore* (Cosenza, 1884), p. 138.

2. J. Liorel, *Kabylie du Jurjura* (Paris, s.d.), p. 441.

pourceau, bouc ou mithan[1]. Chez les Awemba
du nord de la Rhodésie, « selon une superstition courante parmi les tribus de l'Afrique centrale, les homicides, s'ils n'étaient purifiés du
sang qu'ils ont versé, deviendraient fous. La
nuit de son retour, nul guerrier n'était autorisé
à dormir dans sa propre hutte ; il devait coucher
dans la *nsaka* publique du village. Le jour suivant, après s'être baigné dans la rivière et avoir
été oint, par le docteur, d'un onguent lustral, il
pouvait rentrer dans ses foyers, et reprendre ses
rapports avec sa femme[2]. » Dans tous les cas
analogues, la démence de celui qui a versé le
sang est probablement attribuée à ce que l'esprit de la victime a pris possession de lui.

Que cette coutume grecque d'isoler et de
purifier un homicide fût avant tout un exorcisme, en d'autres termes, que son but fût d'expulser l'esprit dangereux de sa victime, c'est ce
qui ressort d'une façon presque certaine d'une
comparaison avec les rites analogues de purification et d'isolement que doivent observer dans
maintes tribus sauvages, les guerriers victo-

1. Lieutenant-colonel J. Shakespear, « The Kuki-Lushai clans »,
Journal of the Royal Anthropological Institute, XXXIX (1909),
p. 380 ; id., *The Lushei Kuki Clans* (Londres, 1912), pp. 78 *sq.*
2. J. H. West Sheane, « Wemba Warpaths », *Journal of the
African Society*, n° 41 (octobre, 1911), pp. 31 *sq.*

rieux, avec l'intention avouée de se protéger
contre l'esprit de ceux qu'ils ont tués au combat. J'ai donné ailleurs des illustrations de ces
rites[1], mais il faut en citer ici quelques-uns
à l'appui de mes dires. Chez les Basutos, « les
ablutions sont de rigueur au retour du combat.
Il est d'absolue nécessité que les guerriers se
débarrassent au plus vite du sang qu'ils ont
versé, sans quoi les ombres de leurs victimes
les pourchasseraient sans répit, et troubleraient
leur sommeil. Armés de pied en cap, ils vont
en procession à la rivière la plus proche; et là,
au moment où ils entrent dans l'eau, un devin
placé en amont jette dans le courant une substance purificatrice[2]. » D'après un autre rapport
sur les coutumes des Basutos, « les guerriers qui
ont tué un ennemi doivent être purifiés. Le chef
doit les laver, et sacrifier un bœuf en présence de
toute l'armée. Ils sont également oints de la bile
de l'animal, ce qui les empêche d'être poursui-
vis davantage par le spectre de leur ennemi[3]. »

Chez les Thonga, tribu bantou des environs
de la baie de Delagoa, « le fait d'avoir tué un

1. J. G. Frazer, *Taboo and the Perils of the Soul*, pp. 165 *sqq*.
2. Rev. E. Casalis, *The Basutos* (Londres, 1861), p. 258.
3. R. P. Porte, « Les Réminiscences d'un missionnaire du
Basutoland » *Les Missions Catholiques*, XXVIII (1896), p. 371.

ennemi sur le champ de bataille vaut une gloire immense à son vainqueur ; mais cette gloire est lourde d'un grave danger. Quiconque a tué... se trouve exposé à l'influence mystérieuse et fatale du *nuru* et doit en conséquence être soumis à un traitement médical. Qu'est-ce que le *nuru* ? Le *nuru*, c'est l'âme de la victime qui essaie de tirer vengeance de l'assassin. Elle le harcèle et peut le pousser jusqu'à la folie : ses yeux se gonflent, deviennent saillants et enflammés. Il perd la tête, est atteint d'étourdissement (*ndzululwan*), et sa soif du sang peut le conduire à se jeter sur les membres de sa propre famille et à les frapper à coups d'azagaye. Pour prévenir de tels malheurs, une médication spéciale est nécessaire : les homicides ont à *lurulala tuyimpi ta bu*, faire disparaître le *nuru* de leur forfait sanguinaire... En quoi consiste ce traitement ? Les homicides doivent demeurer quelques jours à la capitale. Ils sont tabous. Ils revêtent un vieux costume, mangent avec des cuillères spéciales, parce que leurs mains sont « chaudes », et dans des plats spéciaux (*mireko*) et des pots brisés. Il leur est interdit de boire de l'eau. Il faut que leur nourriture soit froide. Le chef leur tue des bœufs, mais, si la viande était chaude, elle les ferait enfler à l'intérieur, « parce qu'ils sont chauds eux-mêmes, ils sont souillés (*ba na nsila*) ». S'ils mangent de la nourriture chaude, la souillure pénètrera en eux. « Ils sont noirs (*ntima*), il faut faire disparaître cette noirceur. » Pendant tout ce temps, les rapports sexuels leur sont absolument interdits. Ils n'ont pas le droit de rentrer voir leurs femmes. Jadis les Ba-Ronga les tatouaient de marques spéciales d'un sourcil à l'autre. On leur injectait d'effrayantes drogues dans les incisions et ils en gardaient des pustules « qui leur donnaient l'apparence d'un buffle sourcilleux ». Quelques jours plus tard, un guérisseur vient les purifier, « enlever leur noirceur. » Il semble qu'il y ait diverses façons de s'y prendre, selon Mankhelu. Des graines de toute espèce sont mises dans un pot brisé, et grillées en même temps que des drogues et le *psanyi* [1] d'une chèvre. Les homicides aspirent la fumée qui s'exhale du pot. Ils plongent les mains dans la mixture et s'en frottent les membres, en particulier les articulations... La folie qui menace ceux qui répandent le sang peut les atteindre très vite. C'est pourquoi, sur le champ de bataille, immédiatement après

---

1. Le *psanyi* est l'herbe à demi digérée qu'on trouve dans l'estomac des chèvres sacrifiées. (H.-A. Junod, *The Life of a South African Tribe*, II, 569, Neuchâtel, 1912).

l'exploit, les soldats qui ont déjà tué en d'autres occasions administrent une dose préventive de la drogue à leurs camarades. La période de réclusion une fois terminée par la purification finale, tous les objets dont les homicides se sont servis pendant cette époque, ainsi que leurs vieux vêtements, sont ficelés ensemble et suspendus par une corde à un arbre, à quelque distance de la capitale, où on les laisse pourrir » [1].

Les récits décrivant la folie qui peut s'emparer des homicides paraissent trop nombreux et trop vraisemblables pour être rejetés comme de pures fantaisies imaginées par les sauvages. Toutefois, si l'on peut écarter leur explication de ces accès de démence, les comptes rendus semblent indiquer qu'une véritable furie d'énergumène, ou une soif effrénée de sang s'emparent des sauvages excités par le combat et peuvent être dangereuses pour leurs amis autant que pour leurs ennemis. Cette question est de celles que les spécialistes des maladies mentales pourront peut-être éclaircir. En attendant, il convient de noter que, même les individus qui sont restés à la maison et n'ont pris aucune part à la san-

---

1. Henri-A. Junod, *op. cit.*, I, 453-455. J'omets quelques-uns des mots thonga que M. Junod a insérés dans son texte.

glante besogne sont sujets à tomber dans un
état de démence en entendant les vociférations
guerrières qui annoncent l'approche des vainqueurs avec leurs affreux trophées. C'est ainsi
que nous savons que chez les Toradjas de langue
Bare'e, au centre de l'île Célèbes, lorsqu'on
entendait de loin ces accents de triomphe, toute
la population du village se portait à la rencontre
des braves pour leur souhaiter la bienvenue. A
ce seul bruit, quelques-uns de ceux qui étaient
demeurés chez eux, en particulier les femmes,
devenaient comme enragés et se précipitaient
pour mordre les têtes coupées de leurs ennemis,
et il était impossible de leur faire recouvrer la raison sans leur avoir fait boire dans ces crânes, soit
du vin de palmier, soit de l'eau. Si les guerriers
revenaient bredouilles, ces furies tombaient sur
eux et les mordaient au bras. Il existait une
expression consacrée pour cet état de frénésie
passagère provoquée par la vue ou seulement
l'idée du sang humain. Elle s'appelait *merata
lamoanja* ou *merata raoa*, « l'esprit est sur
eux », ce qui voulait dire probablement que cette
folie était causée par l'esprit des ennemis mas-
sacrés. Quand certains des guerriers eux-mêmes
souffraient de ce paroxysme d'énervement, on
les calmait en leur faisant manger un morceau

de la cervelle ou lécher le sang des morts[1].

Chez les tribus bantou du Kavirondo, dans l'Afrique orientale britannique, quand un homme a tué un ennemi à la guerre, il se rase la tête à son retour au foyer et ses amis lui frottent tout le corps d'un onguent (en général de la bouse de vache), afin d'empêcher l'esprit du mort de l'importuner[2]. Ces nègres se servent de bouse de vache en guise de détersif, tout comme les Grecs utilisaient le sang de porc. »

Chez les Ouaouanga, près du Mont Elgon, dans l'Afrique orientale britannique, « un homme qui revient d'une expédition militaire où il a tué un ennemi, n'a pas le droit de pénétrer dans sa hutte avant d'avoir pris de la bouse de vache pour en frotter les joues des femmes et des enfants du village, et de s'être purifié en sacrifiant une chèvre dont il portera une bande de la peau du front autour de son poignet droit pendant les quatre nuits suivantes[3] ».

Les Ja-Luo du Kavirondo ont un usage quelque

1. N. Adriani en Alb.-C. Kruijt, *De Bare'e sprekende Toradja's van Midden Celebes* (Batavia, 1912), I, p. 239.

2. Sir H. Johnston, *The Uganda Protectorate* (Londres, 1902), II, 743 *sq.* ; C.-W. Hobley, *Eastern Uganda* (Londres, 1902), p. 20.

3. Extrait d'un rapport manuscrit sur les tribus du Mont Elgon, gracieusement communiqué par l'auteur, l'Honorable Kenneth R. Dundas.

peu différent. Trois jours après qu'il est revenu
du combat, le guerrier se rase la tête. Mais avant
de pouvoir pénétrer dans son village, il doit se
suspendre au cou un volatile vivant, la tête en
haut; on décapite l'oiseau dont la tête reste pen-
due au cou du guerrier. Peu de temps après
son retour, on organise un festin en l'honneur
de l'ennemi mort, afin que son ombre ne hante
point celui qui l'a tué[1].

Dans certains de ces cas, l'homicide se rase
la tête, exactement comme Oreste se coupa les
cheveux, dit-on, quand il recouvra la raison[2].
Nous pouvons inférer, avec quelque probabilité,
de cette tradition, que les homicides grecs se
tondaient régulièrement les cheveux tout ainsi
que ces guerriers africains, afin de se débarrasser de la contagion du spectre. Chez les
Ba-Yaka, tribu bantou des États libres du
Congo, « on croit qu'un homme tué dans la bataille envoie son âme tirer vengeance de celui
qui l'a frappé ; ce dernier peut cependant échapper au ressentiment du mort en portant dans
les cheveux les plumes rouges d'une queue
de perroquet, et en se peignant le front en

1. Sir H. Johnston, *op. cit.*, II, 794 ; C. W. Hobley, *op. cit.*,
p. 31.
2. Pausanias, VIII, 34, 3 ; comparer Strabon, XII, 2, 3, p. 535.

rouge [1]. » Peut-être — (explication que j'ai déjà proposée ailleurs), — ce déguisement a-t-il pour but de dissimuler le meurtrier aux yeux du spectre de sa victime [2].

Chez les Natchez de l'Amérique du Nord, les jeunes héros qui avaient scalpé leurs premiers ennemis étaient soumis à certaines règles d'abstinence pendant six mois. Ils ne devaient point partager la couche conjugale, ni manger de viande ; leur nourriture se composait uniquement de poisson et de bouillie. S'ils enfreignaient ces règles, l'âme de leur victime, pensaient-ils, causerait leur mort d'une façon magique [3].

Les Kayes de la Nouvelle-Guinée allemande redoutent fort l'esprit de ceux qu'ils ont tués à la guerre. En revenant d'un champ de bataille ou du lieu d'un massacre, ils se hâtent de gagner en sûreté leurs demeures, ou de trouver l'abri d'un village ami avant que la nuit tombe ; ils croient en effet que, pendant toute la nuit, l'es-

1. E. Torday et T. A. Joyce, « Notes on the Ethnography of the Ba-Yaka », *Journal of the Anthropological Institute*, xxxvi (1906), pp. 50 *sq.*

2. J. G. Frazer, « Folk-lore in the Old Testament », in *Anthropological Essays presented to E. B. Tylor* (Oxford, 1907), p. 108.

3. « Relation des Natchez », *Recueil de Voyages au Nord*, ix, 24 (Amsterdam, 1737) ; *Lettres édifiantes et curieuses*, Nouvelle Edition, vii (Paris, 1871), p. 26 ; Charlevoix, *Histoire de la Nouvelle France* (Paris, 1744), vi, 186 *sq.*

prit des morts talonne les meurtriers, dans l'espoir d'en venir aux prises et de recouvrer les
portions perdues de leur âme qui adhèrent, avec
les caillots de leur sang, aux lances et aux gourdins qui leur ont donné le coup fatal. C'est de
cette seule manière que les pauvres âmes inquiètes
trouveront la paix et le repos. C'est pourquoi les
meurtriers ont bien soin de ne pas rapporter
leurs armes souillées au village, car c'est le
premier endroit où les esprits iraient les chercher. Ils les cachent, en conséquence, dans une
forêt, à distance respectable du village, pour que
les esprits soient incapables de les y trouver ;
et lorsque ceux-ci sont las de leurs recherches
vaines, ils s'en retournent aux cadavres qui
gisent sans doute au milieu des sombres ruines
de leur foyer désolé. Alors les vainqueurs se
montrent, et, retirant les armes de leur cachette,
en lavent le sang qui les ternissait et les rap-
portent au village [1]. Mais, « comme il reste toujours plus ou moins de la substance de l'âme
des ennemis adhérente aux vainqueurs, aucun
membre de leur groupe n'a le droit de les toucher après leur retour au village. Leurs amis
les évitent rigoureusement pendant plusieurs

1. Ch. Keysser, « Aus dem Leben der Kaileute », dans R. Neuhauss, *Deutsch Neu-Guinea* (Berlin, 1911), III. 147 *sq*.

jours. Les gens s'écartent craintivement sur leur
passage. Si quelqu'un dans le village souffre
d'un dérangement d'estomac, on conclut qu'il a
dû s'asseoir où s'était assis l'un des guerriers.
Si quelqu'un se plaint d'un mal de dents, c'est
qu'il a dû manger un fruit qu'un des combattants aura touché. Tous les restes de la nourriture de ces hommes doivent être soigneusement
placés hors d'atteinte de peur qu'un pourceau
ne les mange, ce qui causerait infailliblement
sa mort. Les reliefs de ces repas sont en conséquence brûlés ou enterrés. Les guerriers eux-
mêmes ne sauraient souffrir grandement de la
substance de l'âme de leurs ennemis, attendu
qu'ils se traitent au moyen de la sève désinfec-
tante d'une plante grimpante. Mais même de
cette façon, ils ne sont pas complètement
garantis contre tous les dangers qui les menacent
de ce côté [1] ».

Chez les tribus de l'embouchure de la Wani-
gela, dans la Nouvelle-Guinée britannique,
« on considère comme impur quiconque a tran-
ché une vie, tant qu'il ne s'est pas acquitté de
certaines cérémonies. Aussitôt que possible après
son forfait, il nettoie son épée et son corps.

1. Ch. Keysser, *op. cit.*, p. 132

Ceci accompli, il se rend à son village et prend place sur le bûcher préparé pour un simulacre de sacrifice. Nul ne l'approche, nul ne fait attention à lui. On prépare pour lui une maison dont prennent soin deux ou trois petits garçons, qui sont ses serviteurs. Il ne peut manger que des bananes grillées, et seulement le milieu du fruit ; les bouts en sont mis au rebut. Le troisième jour de cette réclusion, ses amis lui préparent un petit festin et lui taillent un nouveau pagne. C'est ce qui s'appelle *ivi poro*. Le lendemain, le héros revêt ses plus beaux atours et ses insignes de combat ; il sort tout armé dans le village, et s'y exhibe fièrement. Le jour suivant, on organise une chasse et l'on choisit un kangourou sur l'ensemble du gibier tué. On l'éventre, on en retire le foie et la rate, et l'on en frotte le dos du guerrier. Après quoi, il s'achemine solennellement vers le cours d'eau le plus voisin et s'y lave en tenant les jambes écartées, de façon que les jeunes guerriers encore novices puissent passer dessous à la nage. Ce moyen est censé leur communiquer sa force et son courage. Le jour suivant, à l'aube, il s'élance hors de chez lui, armé de pied en cap, et clame à pleine voix le nom de sa victime. S'étant ainsi persuadé qu'il a écarté à tout jamais l'esprit du mort, il s'en retourne chez lui. Battre les lames du plancher et allumer des feux, est pour ces tribus une méthode non moins certaine pour éloigner l'esprit. Le lendemain, la purification est définitive, et l'homme peut réintégrer le domicile conjugal[1] ». Dans ce dernier cas, la vraie nature de ces prétendues purifications est manifeste : ce sont, en réalité, des rites d'exorcisme accomplis dans le dessein de chasser un esprit dangereux.

Chez les Indiens Omahas de l'Amérique du Nord, un meurtrier auquel les parents de la victime faisaient grâce de la vie, était tenu d'observer certaines règles sévères pendant une période variant de deux à quatre ans. Il devait marcher pieds nus, et s'abstenir d'aliments chauds ; il ne pouvait ni élever la voix, ni regarder autour de lui. Il lui fallait s'envelopper de sa robe et la tenir serrée au cou, même par la chaleur ; il ne pouvait la laisser flotter ni l'ouvrir. Il n'avait pas le droit de remuer les bras, mais devait les tenir collés au corps. Il ne pouvait se peigner, non plus que laisser ses cheveux flotter au vent. Personne ne consentait à partager ses repas ; seul un membre de sa famille était autorisé à

1. R. E. Guise, « On the Tribes inhabiting the mouth of the Wanigela-River, New-Guinea », *Journal of the Anthropological Institute*, XXVIII (1899), pp. 213 *sq.*

rester près de lui sous la tente. Quand sa tribu
partait à la chasse, il était obligé de camper à un
demi-kilomètre environ de ses compagnons,
pour éviter « que l'esprit de sa victime ne sou-
levât un grand vent qui pût causer des dégâts [1]. »
La raison alléguée pour exiler ainsi l'assassin
du camp des chasseurs donne la clé de toutes les
autres restrictions qu'on lui impose. Il est hanté
par l'esprit, et par suite, dangereux ; c'est pourquoi chacun se tient à l'écart, tout comme on
fuyait Oreste harcelé par le spectre de sa mère.

Chez les Indiens Chinooks des districts de
l'Orégon et de Washington, « quand un individu
a été tué, on demande à un vieillard pourvu d'un
esprit gardien d'envoûter le meurtrier. Le vieillard prend du charbon, et le mêle à de la graisse ;
il en enduit le visage du meurtrier. Il lui donne
un serre-tête en écorce de cèdre. On entoure
de cette même écorce ses chevilles, ses genoux,
et ses poignets. Cinq jours durant, il ne boit
point d'eau. Il ne dort pas ; il ne s'étend pas. Il
se tient constamment debout. La nuit, il se pro-
mène en sifflant dans des sifflets d'ivoire. Il
répète toujours a, a, a. Pendant cinq jours, il
ne se lave pas le visage. Le sixième au matin,

1. Rev. J. Owen Dorsey, « Omaha Sociology », *Third Annual
Report of the Bureau of Ethnology* (Washington, 1884), p. 369.

le vieillard le débarbouille. Il lui enlève son charbon. Il le débarrasse de l'enduit noir. Il lui peint le visage en rouge. Un peu de charbon est mêlé à cette peinture rouge. Le vieillard lui remet cela sur le visage. Tantôt la chose est faite par un vieillard, tantôt par une vieille femme. On retire l'écorce de cèdre qui était attachée à ses bras et à ses jambes, et on lui entoure bras et jambes de lanières de peau de daim. Puis, cinq jours plus tard, on lui donne de l'eau. On lui apporte un baquet dans lequel il boit. Puis on lui rôtit des aliments jusqu'à ce qu'ils soient brûlés. Quand ils sont carbonisés, on les lui donne. Il les mange debout. Il en prend cinq bouchées, pas davantage. Au bout de trente jours, on le peint d'une nouvelle couche de rouge. On prend une bonne peinture rouge. Puis il porte son serre-tête et son baquet jusqu'à un sapin et les suspend au sommet de l'arbre. Alors l'arbre se dessèche. Jamais personne ne mange en compagnie d'un assassin. Il ne mange jamais assis, mais toujours debout. Quand il s'assied pour se reposer, il s'agenouille sur une jambe. Le meurtrier ne regarde jamais un enfant et ne doit point voir de gens occupés à manger[1]. » Toutes ces

---

1. Franz Boas, *Chinook Texts* (Washington, 1894), p. 258.

mesures ont probablement pour but d'affranchir l'assasin du spectre qui le talonne, et de le tenir en quarantaine tant que la chose n'est pas faite.

Etant donné que l'esprit d'une victime est craint de tout le monde, il est naturel qu'il soit tout spécialement redouté de ceux à qui il peut en vouloir, pour une raison ou pour une autre. Ainsi, chez les Yabim de la Nouvelle-Guinée allemande, quand les parents de la victime ont accepté le prix de son sang au lieu de la venger, ils doivent porter une marque à la craie sur le front. Sans cette précaution, l'ombre de leur parent défunt viendrait les hanter et les tourmenter pour n'avoir pas rempli leurs devoirs à son égard ; elle pourrait se venger d'eux en emportant leurs pourceaux, ou en leur déchaussant les dents [1].

Les esprits de parents ou de voisins assassinés sont naturellement plus redoutables que celui d'un inconnu ou d'un étranger, car leur fureur est plus violente et ils trouvent de plus nombreuses occasions d'apaiser leur courroux aux dépens des amis dénaturés qui leur ont donné la mort

---

1. K. Vetter, « Ueber papuanische Rechtsverhältnisse, wie solche namentlich bei den Jabim beobachtet wurden », *Nachrichten über Kaiser Wilhelms-Land und den Bismarck-Archipel*, 1897, p. 99 ; B. Hagen, *Unter den Papuas* (Wiesbaden, 1899), p. 254.

de leurs propres mains ou qui les ont laissés sans vengeance.

En réalité certains individus redoutent uniquement la colère de ces victimes-là, et traitent avec désinvolture tous les autres esprits, si longtemps et si haut qu'ils gémissent ou marmonnent. Ainsi, chez les Boloki du Congo supérieur « un meurtrier ne craint pas l'esprit de celui qu'il a tué, quand la victime appartient à l'une des villes voisines, car les esprits désincarnés ne circulent que dans un espace fort limité ; mais lorsqu'il tue un individu de sa propre ville, il est rempli de terreur à l'idée que l'esprit peut lui faire du mal. Il n'est point de rites spéciaux qu'il puisse observer pour s'affranchir de ces craintes, mais il porte le deuil de la victime comme pour l'un des membres de sa propre famille. Il néglige l'aspect de sa personne, se rase la tête, jeûne pendant un certain temps, et se lamente en versant force larmes[1]. » De même, un Kikuyu ne s'expose pas à la souillure cérémoniale (*thahu*) en assassinant un individu d'une autre tribu que la sienne, ni même de sa propre tribu, alors que sa victime appar-

---

1. Rev. J. H. Weeks, *Among Congo Cannibals* (Londres, 1913), p. 268 ; comparer *id.*, « Anthropological Notes on the Bangala of the Upper Congo River », *Journal of the Anthropological Institute*, xl (1910), p. 373.

tient à un clan différent; mais si le mort fait partie du même clan que son assassin, le cas devient véritablement grave. Toutefois, il est possible, grâce à une cérémonie, d'obliger l'esprit à rester en paix. A cette fin, le meurtrier et l'aîné des frères survivants de sa victime s'asseyent face à face sur deux troncs de bananiers ; ils y sont solennellement nourris par deux anciens avec des légumes de toute espèce que leurs mères ont fournis dans cette intention, et on les asperge du contenu de l'estomac d'un mouton qu'on a sacrifié. Le lendemain, les anciens se rendent au figuier sacré (mugumo) qui joue un grand rôle dans les rites religieux des Akikuyu. Là, ils immolent un pourceau et déposent une partie de la graisse, les entrailles et les os principaux au pied de l'arbre, tandis qu'eux-mêmes se régalent des morceaux les plus savoureux de l'animal. Ils croient que l'âme de la victime se rendra à l'arbre le soir même sous la forme d'un chat sauvage qui mangera la viande, et que cette offrande l'empêchera de rentrer au village et d'incommoder les habitants [1].

1. C. W. Hobley, « Kikuyu Customs and Beliefs », *Journal of the Royal Anthropological Institute*, XL (1910), pp. 438 sq. Pour ce qui est de la sainteté du figuier chez les Akikuyu, voir Mervyn W. H. Beech, « The sacred fig-tree of the A-kikuyu of East Africa », *Man*, XIII (1913), pp. 4-6. M. Beech attribue la véné-

Les Toradjas de langue Bare'e du centre de
l'île Célèbes sont fortement préoccupés des
âmes des guerriers tués au combat. Ils paraissent croire que tous les individus qui ont péri à
la guerre au lieu de mourir de maladie n'ont pas
épuisé leur énergie vitale, et qu'en conséquence
leur âme est plus puissante que la foule vulgaire des esprits. Or, comme ils ne sauraient
être admis au pays des âmes, (par suite de la
nature anormale de leur mort), ils continuent
d'errer sur la terre, irrités contre les ennemis
qui les ont enlevés prématurément dans la force
de l'âge, et exigeant de leurs amis qu'ils partent
en guerre contre leurs ennemis et dirigent tous
les ans une expédition pour en tuer quelques-
uns. Si les survivants ne tiennent pas compte
de cette requête des esprits altérés de sang,
ils s'exposent personnellement à la rancune
de ces âmes en colère qui règlent le compte
de leurs amis et parents infidèles en leur infligeant des maux et la mort. De là vient que
chez les Toradjas la guerre est un devoir sacré
auquel tous les membres de la communauté

---

ration de cet arbre à la sève blanche et laiteuse qui en découle
quand on en incise l'écorce. Ceci paraît avoir suggéré aux sauvages l'idée que cet arbre est une grande source de fécondité
pour les hommes et les femmes, le bétail, les moutons et les
chèvres.

doivent participer ; même les femmes et les
enfants, qui ne sauraient livrer une guerre effec-
tive, doivent en faire le simulacre à la maison en
entaillant à coups de sabre de bambou un vieux
crâne d'ennemi, tout en poussant le cri de guerre
sur un ton aigu [1]. Ainsi, dans cette peuplade,
comme dans de nombreuses autres tribus sauvages, la croyance à l'immortalité de l'âme s'est
trouvée être l'une des causes les plus fertiles d'effusion de sang, en entretenant un état de guerre
permanent entre des communautés voisines, qui
n'osent conclure une paix mutuelle de crainte
d'offenser fatalement l'esprit de leurs morts [2].

Pourtant, amis ou ennemis, les spectres de
tous ceux qui ont péri de mort violente sont, en un
sens, un danger public ; car leur caractère est
naturellement aigri, et ils deviennent susceptibles
de prendre en traître la première personne qu'ils
rencontreront, sans faire de distinction nette
entre le coupable et l'innocent. Les Karins de
Birmanie, par exemple, croient que les âmes de
ces individus ne vont ni dans les régions supé-

1. N. Adriani en Alb. C. Kruijt, *De Bare'e-sprekende Toradja's
van Midden-Celebes*, I, (Batavia, 1912), pp. 285 sq. Au cours de
ces dernières années, les guerres entre tribus ont été supprimées
par le gouvernement hollandais.

2. Cf. J. G. Frazer, *The Belief in Immortality and the Worship
of the Dead*, I (Londres, 1913), pp. 136 *sq.*, 278 *sq.*, 468 *sq.*

rieures de la félicité, ni dans les régions infer-
nales de la souffrance, mais qu'elles languissent
ici-bas, où elles errent invisibles. Elles font
mourir les hommes en leur volant leur âme. Il
en résulte que ces sortes de vampires sont extrêmement redoutés de tout le monde; aussi, pour
apaiser leur courroux ou repousser leurs cruelles
attaques, on leur fait des offrandes propitiatoires et on leur adresse les prières et les sup-
plications les plus ferventes[1].

Les Karins déposent dans une forêt des cor-
beilles de riz blanc, jaune, et rouge, en disant:
« Esprits de ceux qui sont morts en tombant d'un
arbre, esprits de ceux qui sont morts de faim
ou de soif, esprits de ceux qui sont morts sous
la dent du tigre ou par le dard du serpent, esprits
de ceux qui furent assassinés, esprits de ceux
qui sont morts de la petite vérole ou du choléra,
esprits des lépreux défunts, oh! ne nous mal-
traitez pas, ne vous emparez pas de nous, ne
nous faites pas de mal! Restez ici, dans ces bois;
nous vous y apporterons du riz jaune, du riz
rouge, et du riz blanc pour votre subsistance[2] ».

1. Rev. E. B. Cross, « On the Karens », *Journal of the American Oriental Society*, iv, No. 2 (New-York, 1854), pp. 312 sq.

2. Bringaud, « Les Karins de la Birmanie », *Les Missions
catholiques*, xx (1888), p. 208.

Cependant, ce n'est pas toujours au moyen de belles paroles et d'offrandes propitiatoires que la communauté essaie de se débarrasser de ces invisibles, mais dangereux intrus. Elle a parfois recours à des mesures plus énergiques. « Une fois, raconte un explorateur qui a voyagé chez les Indiens de l'Amérique du Nord, en arrivant de nuit dans un village d'Ottawas, je trouvai tous les habitants fortement agités ; ils étaient tous très occupés à pousser les cris les plus stridents et les moins harmonieux du monde ; m'étant renseigné, j'appris que les Ottawas et les Kickapoos venaient de se livrer bataille, et que tout ce vacarne n'avait d'autre objet que d'empêcher l'esprit des combattants défunts de pénétrer dans le village[1]. » De même, après que les Indiens de l'Amérique du Nord avaient torturé et brûlé un prisonnier, ils se mettaient à courir dans le village en frappant de leurs bâtons les murs, les meubles, le toit des huttes, et en hurlant à tue-tête afin de chasser l'ombre irritée de leur victime, qui aurait bien pu chercher à se venger des blessures infligées à son pauvre corps brûlé et mutilé[2]. De même

1. W. H. Keating, *Narrative of an Expedition to the Sources of St Peter's River* (Londres, 1825), I, 109 ; d'après M. Barron.

2. Charlevoix, *Histoire de la Nouvelle France* (Paris, 1774),

encore chez les Papous de Doreh (Nouvelle-Guinée hollandaise), quand un meurtre a été perpétré dans un village, les habitants s'assemblent
plusieurs soirs de suite ; ils hurlent et crient
pour effrayer l'esprit, au cas où celui-ci tenterait
de revenir[1].

Les Yabim, tribu de la Nouvelle-Guinée allemande, croient que « les morts peuvent être
secourables ou nuisibles ; mais c'est la crainte
de leur influence nocive qui prédomine. Cette
peuplade a, en particulier, la conviction que
l'âme d'un homme assassiné hante le meurtrier
et lui porte malheur. Il devient par conséquent
nécessaire de chasser cet esprit au moyen de
cris et de roulements de tambour. On apprête
un modèle de pirogue chargée de taro[2] et de
tabac pour faciliter son départ »[3].

VI, 77, 122 *sq*, ; J. F. Lafitau, *Mœurs des sauvages amériquains*
(Paris, 1724), II, 279.

1. H. von Rosenberg, *Der malayische Archipel* (Leipzig, 1878),
p. 461. Comparer J. L. van Hasselt, « Die Papuastämme an der
Geelvinkbai (Neuguinea) », *Mitteilungen der geographischen
Gesellschaft zu Iena*, IX (1891), p. 101.

2. *Taro*, plante tropicale de la famille de l'arum, et dont la
racine est comestible. On en fait une sorte de pain grossier.
(Trad.).

3. K. Vetter, « Ueber papuanische Rechtsverhältnisse »,
*Nachrichten über Kaiser Wilhelms-Land und den Bismarck-
Archipel* (1897), p. 94 ; B. Hagen, *Unter den Papuas* (Wiesbaden,
1899), p. 266.

Lorsque les Bukaoua de la Nouvelle-Guinée allemande ont remporté une victoire sur leurs ennemis et ont regagné leurs foyers, ils allument un feu au centre du village et lancent des brandons enflammés dans la direction du champ de bataille, tout en faisant un tintamarre assourdissant pour tenir aux abois les esprits irrités des ennemis tués [1].

Lorsque les cannibales mélanésiens de l'Archipel Bismarck ont dévoré un corps humain, ils crient, soufflent du cor, brandissent des lances et battent les buissons afin de chasser l'esprit de celui ou de celle dont la chair vient de constituer leur banquet [2].

Les Fidjiens avaient coutume d'enterrer vivants les malades et les vieillards; après quoi, ils menaient toujours grand vacarme à l'aide de bambous, de trompettes, de coquillages, et autres instruments, afin d'effrayer l'esprit des individus ensevelis et de les empêcher de rentrer chez eux; pour leur enlever toute tentation de planer au-dessus de leurs anciennes demeures, ils démantelaient les maisons des morts et les

1. Stefan Lehner, « Bukaua », dans R. Neuhauss, *Deutsch Neu-Guinea* (Berlin, 1911), III, 444.

2. George Brown, *Melanesians and Polynesians* (Londres, 1910), pp. 142-145.

tapissaient de tout ce qui leur paraissait le plus repoussant[1]. Chez les Angoni, tribu de Zoulous établie au nord du Zambèze, les guerriers qui ont tué des ennemis pendant une expédition se frottent le corps et le visage de cendres, et revêtent les habits de leurs victimes. Ils portent ces vêtements trois jours durant après leur retour, et, levés au point du jour, ils circulent dans tout le village en poussant des cris épouvantables afin de chasser l'esprit des morts qui, autrement, pourrait attirer sur la tribu maladies et misères[2].

Au Travancore, l'âme des individus morts de mort violente, par noyade, pendaison ou d'une autre manière, est censée se changer en démon qui erre dans le pays pour infliger aux hommes des maux de divers genres. On croit en particulier que l'esprit des assassins qui ont été pendus hante le lieu de l'exécution et ses abords. Pour parer à cela, il était d'usage de trancher par le fer les talons du criminel, ou de lui couper le jarret au moment où on le précipitait dans le vide[3]. L'intention qui présidait à cette mutila-

1. John Jackson, dans J. E. Erskine's *Journal of a Cruise among the Islands of the Western Pacific* (Londres, 1853), p. 477.

2. C. Wiese, « Beitrage zur Geschichte der Zulu im Norden des Zambesi », *Zeitschrift für Ethnologie*, xxxii (1900), pp. 197 sq.

3. Rev. Samuel Mateer, *The Land of Charity, a Descriptive Account of Travancore and its People* (Londres, 1871), pp. 203 sq.

tion était, évidemment, d'empêcher l'esprit de
marcher. Et comment l'aurait-il pu, sans jarret
ni talon ? C'est précisément dans ce même dessein que certaines peuplades avaient coutume
de mutiler de diverses manières, non-seulement
le corps des suppliciés, mais aussi celui d'autres
personnes ; car tous les esprits sont plus ou
moins redoutés. Quand un méchant homme
venait à mourir, les Esquimaux du détroit de
Behring avaient jadis coutume de lui couper les
muscles des bras et des jambes « afin d'empêcher l'ombre de retourner à son corps pour
l'animer et le faire marcher la nuit comme une
goule »[1]. Les Indiens Omahas disaient qu'un
homme tué par la foudre devait être enterré
face contre terre, et qu'on devait lui fendre la
plante des pieds ; faute de quoi son ombre déam-
bulerait[2]. Les Hereros de l'Afrique du Sud croient
que l'esprit des méchants revient après leur
mort, et qu'ils sont aussi pernicieux que pendant
leur vie ; car ils dévalisent et volent comme
auparavant, séduisent les jeunes filles et les

---

1. E. W. Nelson, « The Eskimo about Bering Straits »,
Eighteenth Annual Report of the Bureau of American Ethnology,
Part I (Washington, 1899), p. 423.

2. Rev. J. Owen Dorsey, « A. Study of Siouan Cults », *El-
eventh Annual Report of the Bureau of Ethnology* (Washington,
1894), p. 420.

femmes, et vont même jusqu'à les rendre mères.
Pour empêcher les morts de jouer de ces mauvais tours, les Hereros avaient l'habitude de
sectionner la colonne vertébrale du cadavre et
d'en rassembler les morceaux dans une peau de
bœuf qu'ils recousaient[1].

Un moyen simple de réduire une ombre dangereuse à l'impuissance est de déterrer le corps
et de le décapiter ; c'est ce que font les nègres
de l'Afrique occidentale, et aussi les Arméniens.
Par mesure de sûreté, ces derniers ne se contentent pas de trancher la tête au mort ; ils la
mettent en pièces, ou y enfoncent une aiguille,
à moins que ce ne soit dans le cœur[2].

Les Hindous du Penjab croient que si une
femme meurt moins de treize jours après avoir
mis un enfant au monde, elle reviendra sous
forme d'esprit malfaisant tourmenter son mari
et sa famille. Afin d'éviter ces désagréments, certains indigènes lui enfoncent des clous dans la
tête et les yeux, tandis que d'autres en plantent

1. Dr P. H. Brincker, « Character, Sitten, und Gebraüche
speciell der Bantu Deutsch-Südwestafrikas », Mitteilungen des
Seminars für orientalische Sprachen zu Berlin, III, dritte Abtei-
lung (1900), pp. 89 sq.

2. Rev. R. H. Nassau, Fetichism in West Africa (Londres,
1904), p. 220 ; M. Abeghian, Der armenische Volksglaube (Leipzig,
1899), p. 11.

des deux côtés de la porte de la maison[1]. Un
moyen plus doux d'arriver aux mêmes fins est de
placer dans les vêtements de la pauvre morte un
clou ou bien un morceau de fer[2], ou d'enfoncer
des clous dans le sol autour de l'endroit où elle
est morte, et de celui où le corps a été lavé et
incinéré. Quelques tribus emplissent de poivre
les yeux du cadavre pour empêcher le spectre
de retrouver le chemin de la maison[3]. Dans le
Bilaspore, quand une mère meurt laissant des enfants en bas âge, on lui lie les pieds et les mains
avant de l'ensevelir, pour qu'elle ne puisse se
relever la nuit pour aller voir ses petits orphelins[4].

Les Oraons du Bengale sont fermement convaincus qu'une femme qui meurt grosse ou en
couches devient un esprit malin et dangereux
(*bhut*) ; et, si l'on ne s'occupe de la tenir à
l'écart, elle reviendra chatouiller, jusqu'à ce que
mort s'ensuive, ceux qu'elle aimait le mieux de

1. H. A. Rose, « Hindu Birth Observances in the Punjab »,
Journal of the Royal Anthropological Institute, XXXVII (1907),
pp. 225 *sq*.

2. G. F. D'Penha, « Superstitions and Customs in Salsette »,
The Indian Antiquary, XXVIII (1899), p. 115.

3. *Census of India, 1911*, vol. XIV, *Punjab*, Part. I (Lahore,
1912), p. 303. Au sujet de ces esprits troublés et troublants dans
l'Inde, consulter également W. Crooke, *Popular Religion and
Folk-lore of Northern India* (Westminster, 1896), I, 269 274. On
les appelle des *churel*.

4. E. M. Gordon, *Indian Folk Tales* (Londres, 1908), p. 47.

son vivant. « En conséquence, pour l'empêcher de revenir, on porte son corps aussi loin que possible, mais aucune femme ne consent à l'accompagner à sa dernière demeure de crainte que pareil accident ne lui arrive. Parvenu au lieu de l'inhumation, on brise le pied au-dessus de la cheville, on le tord de façon à amener les talons en avant et on y enfonce de longues épines. On enfouit la femme très profondément, la face tournée vers le sol, et, en même temps qu'elle, une carcasse d'âne; puis on prononce l'anathème : « Si tu rentres chez toi, puisses-tu être changée en âne ! » On enterre aussi des racines de palmier, en disant : « Tu ne rentreras chez toi que lorsque les feuilles du palmier seront flétries ». En se retirant, on éparpille des graines de moutarde tout le long de la route en disant : « Quand tu essaieras de rentrer, ramasse toutes ces graines ». On se sent alors à peu près à l'abri de ses visites nocturnes; mais malheur à l'homme qui passera de nuit près du lieu où elle est ensevelie. Elle bondira sur lui, lui tordra le cou, et le laissera à terre sans connaissance jusqu'à ce que les incantations d'un sorcier l'aient ranimé [1].

---

1. Rev. P. Dehon, « Religion and Customs of the Oraons », *Memoirs of the Asiatic Society of Bengal*, vol. I, no, 9 (Calcutta, 1906), pp. 139 *sq.*

Chez les Lushaïs de l'Assam, lorsqu'une femme meurt en couches, ses parents offrent un sacrifice à son âme libérée, « mais le restant du village considère ce jour comme une fête et l'on place une petite branche verte sur le mur de chacune des maisons, à l'extérieur, près du linteau de la porte, pour écarter l'esprit de la morte[1] ».

Chez les Shans de Birmanie, quand une femme meurt enceinte, on croit que son âme se change en un spectre malfaisant « qui peut revenir hanter la maison du mari et le tourmenter, si on ne prend pas de précautions pour le tenir éloigné. Tout d'abord on retire l'enfant de la mère par une opération ; puis on ensevelit séparément la mère et l'enfant dans des nattes, et on les enterre sans cercueil. Faute de cette précaution, le même malheur peut advenir à nouveau à la femme, dans sa vie future, et l'époux veuf subira les attaques du spectre de sa femme. Au moment où on emporte les corps de la maison, on abat une partie de la cloison de sparterie intérieure, et l'on descend la morte et le fœtus par cette ouverture. Le trou par lequel les corps ont passé est immédiatement bouché avec de

1. Lieut.-colonel H. W. G. Cole, « The Lushais », dans *Census of India*, *1911*, vol. III, *Assam*, Part I, (Shillong, 1912), p. 140.

nouvelles nattes, de sorte que le spectre ne retrouve plus son chemin pour rentrer »[1]. Les Katchins de Birmanie ont tellement peur des spectres de femmes mortes en couches qu'aussitôt après un décès de cette nature, le mari, ses enfants, et presque tous les gens de la maison, prennent la fuite de crainte que le spectre ne les morde. On bande les yeux de la morte avec ses cheveux pour l'empêcher de rien voir ; on enveloppe le corps d'un paillasson et on le transporte hors de la maison, non point par la porte ordinaire, mais par une ouverture pratiquée tout exprès dans le mur ou dans le plancher de la chambre où elle a rendu le dernier soupir. On convoie ensuite le corps jusqu'à un ravin profond où s'aventurent rarement les pas humains. Et là, après avoir empilé sur elle vêtements, bijoux, et tous objets lui appartenant, on met le feu au bûcher et l'on réduit le tout en cendres. « Ainsi, on détruit tous les biens de la malheureuse, pour que son âme ne pense pas à revenir les prendre plus tard, et ne morde pas les gens

---

1. Mrs Leslie Milne, *Shans at Home* (Londres, 1910), p. 96. L'usage consistant à faire passer les morts par une ouverture spéciale qu'on refermait ensuite pour empêcher le retour du spectre, a été observé par de nombreuses populations et dans diverses parties du monde. On trouvera des exemples dans J. G. Frazer, *The Belief in Immortality and the Worship of the Dead* (1913), I, 452 *sq.*

au cours de cette tentative. » Ceci accompli, le
prêtre officiant répand quelques grains torréfiés
d'une plante grimpante (*shamien*), enfouit sous
terre le pilon dont la morte se servait pour
décortiquer le riz, et conclut son exorcisme en
maudissant et en invectivant l'âme en ces
termes : « Attends, pour revenir vers nous, que
cette graine ait germé, et que ce pilon ait fleuri ;
que la fougère porte des fruits, et que le coq
ponde des œufs. » La maison mortuaire est en
général démolie et le bois ne peut en être utilisé
que pour le chauffage ou pour la construction de
cabanes rustiques. Jusqu'à ce qu'on ait pu leur
bâtir une nouvelle maison, le mari et les orphelins sont hospitalisés par leurs plus proches
parents, père ou frère ; les autres amis n'ose-
raient les héberger, par crainte de l'esprit de la
défunte. Parfois on évite de jeter au feu les
bijoux de la morte, et on les donne à quelques
pauvres vieilles qui ne s'inquiètent guère des
revenants. Si le guérisseur qui a soigné la
femme et officié aux funérailles est vieux, il
pourra consentir à accepter les bijoux en rému-
nération de ses services. Mais en ce cas, dès son
retour à la maison, il met les bijoux dans le pou-
lailler. Si les poules restent calmes, c'est là un
présage favorable et il gardera les joyaux en toute

tranquillité d'esprit ; mais si la basse-cour s'agite et se met à caqueter, cela indique que l'âme est restée attachée aux joyaux, et, tout tremblant, il les restitue à la famille de la défunte. Le vieillard ou la vieille femme entre les mains de qui les bijoux se trouvent échoir ainsi, ne peuvent en disposer au profit d'autres membres de la tribu ; car personne, sachant d'où proviennent ces objets, n'aurait la témérité de les acheter. Toutefois, ils pourront trouver acquéreurs parmi les Shans ou les Chinois qui, eux, ne craignent pas les spectres Katchins [1].

Les âmes des femmes qui meurent en couches sont fort redoutées dans l'archipel Indien ; on croit qu'elles reviennent sous forme d'oiseaux à longues serres et qu'elles sont excessivement dangereuses pour leur mari et pour les femmes enceintes. Un procédé courant pour se garder d'elles est de placer un œuf sous les aisselles du cadavre, de lui serrer les bras contre le corps et de lui planter des aiguilles dans la paume des mains. Les indigènes croient que l'esprit de la défunte sera de la sorte incapable de voler à l'attaque des gens, car la morte n'osera étendre les bras, de peur de faire tomber les œufs, et elle

---

1. Ch. Gilhodes, « Naissance et Enfance chez les Katchins (Birmanie) », *Anthropos* VI (1911), pp. 872 *sq.*

n'agrippera personne, de crainte de s'enfoncer davantage les aiguilles dans les mains. Parfois, par surcroît de précaution, on place un troisième œuf sous le menton de la défunte ; on lui plante des épines dans les jointures des doigts et des orteils, on lui emplit la bouche de cendres, et on lui cloue les mains, les pieds, et les cheveux au cercueil[1]. Dans l'île de Bornéo, certains Dayaks de la côte jonchent les terrains qui entourent les cimetières de bouts de bois simulant des chausse-trappes, dans le dessein d'es-

1. Van Schmidt, « Aanteekeningen nopens de zeden, etc., der bevolking van de eilanden Saparoea, etc. », *Tijdschrift voor Neerlands Indië*, v. Tweede Deel (Batavia, 1843), pp. 528 *sq.* ; G. Heijmering, « Zeden en gewoonten op het eiland Timor », *Tijdschrift voor Neerlands Indië*, vii. Negende Aflevering (Batavia, 1845), pp. 278 *sq.*, note ; B.-F. Matthes, *Bijdragen tot de Ethnologie van Zuid-Celebes* (La Haye, 1875), p. 97 ; W. E. Maxwell, « Folk-lore of the Malays », *Journal of the Straits Branch of the Royal Asiatic Society*, no. 7 (June, 1881), p. 28 ; W. W. Skeat, *Malay Magic* (Londres, 1900), p. 325 ; J. G. F. Riedel, *De sluiken kroesharige rassen tusschen Selebes en Papua* (La Haye, 1886), p. 81 ; B. C. A. J. van Dinter, « Eenige geographische en ethnographische aanteekeningen betreffende het eiland Siaoe », *Tijdschrift voor Indische Taal- Land- en Volkenkunde*, xli (1899), p. 381 ; A. C. Kruijt, « Eenige ethnografische aanteekeningen omtrent de Toboengkoe en de Tomori », *Mededeelingen van wege het Nederlandsche Zendelinggenootschap*, xliv (Rotterdam, 1900), p. 218 ; id., *Het Animisme in den Indischen Archipel* (La Haye, 1906), p. 252 ; G. A. Wilken, *Handleiding voor de vergelijkende Volkenkunde van Nederlansch-Indië* (Leyde, 1893), p. 559 ; J. H. Meerwaldt, « Gebruiken der Bataks in het maatschappelijk leven », *Mededeelingen van wege het Nederlandsche Zendeling genootschap*, xlix (1905), p. 113. Le nom vulgaire de ces esprits redoutés est *pontianak*. Pour plus de détails, consulter A. C. Kruijt, *Het Animisme in den Indischen Archipel*, pp. 245 *sq.*

tropier les fantômes qui marcheront dessus[1].
Les Besisi de la péninsule Malaise, en inhumant
leurs morts, laissent choir des couteaux sur les
tombes pour que les spectres n'en puissent sortir[2]. Les Toungouses de Turukhansk, au contraire, hissent leurs morts dans les arbres ; ils
en élaguent ensuite toutes les branches, pour
empêcher l'esprit de descendre et de pourchasser
les vivants[3]. Dans le Queensland, les indigènes
riverains du fleuve Herbert perçaient des trous
dans l'épaule, l'estomac, et les poumons du
mort, et y introduisaient des pierres afin qu'a-
lourdi par ce poids, l'esprit ne pût aller vaguer
dans la campagne ; pour limiter davantage ses
promenades, on lui brisait généralement les
jambes[4]. D'autres nègres d'Australie placent
des charbons ardents dans les oreilles de leur
parent défunt ; cet usage a pour effet de maintenir l'esprit dans le corps pendant un certain
temps, et donne à la famille le temps de s'éloi-

1. J. Perham, « Sea Dyak-Religion », *Journal of the Straits
Branch of the Royal Asiatic Society*, No. 14 (Singapour, 1885),
pp. 291 *sq*.

2. W. W. Skeat and C. O. Blagden, *Pagan Races of the Malay
Peninsula* (Londres, 1906), II, 109.

3. T. de Pauly, *Description ethnographique des peuples de la
Russie* (Saint-Pétersbourg, 1862), *Peuples ouralo-altaïques*, p. 71.

4. A. W. Howitt, *Native Tribes of South-East Australia*
(Londres, 1904), p. 474.

gner suffisamment du mort. Ils écorcent aussi
les arbres qui entourent le lieu mortuaire, si bien
que lorsque l'esprit réussit à sortir pour courir
après eux, il se trouve bloqué et se met à tourner en rond, en revenant toujours à son point
de départ[1]. Les anciens Hindous entravaient
les pieds de leurs morts pour qu'ils ne puissent
pas retourner dans le monde des vivants[2].

Les Indiens Tinneh de l'Alaska graissent les
mains des cadavres, de telle sorte que lorsqu'un
spectre cherche à saisir une âme pour l'entraîner avec lui, celle-ci lui glisse entre les
doigts et lui échappe[3].

Quelques peuplades barrent la route qui mène
de la tombe au village afin d'empêcher l'ombre de
les suivre. Les Toungouses érigent des barrières
de neige ou de branchages[4]. Chez les Mangars,
l'une des tribus guerrières du Népâl, « quand
le cortège revient des funérailles, l'un des membres part en avance édifier une barricade de
buissons épineux en travers de la route, à mi-
chemin entre le tombeau et la demeure du

1. A. W. Howitt, *op. cit.*, p. 473.
2. H. Zimmer, *Altindisches Leben* (Berlin, 1879), p. 402.
3. R. P. Julius Jetté, « On the Superstitions of the Ten'a
Indians », *Anthropos*, VI (1911), p. 707.
4. T. de Pauly, *Description ethnographique des peuples de la
Russie* (Saint-Pétersbourg, 1862), Peuples ouralo-altaïques, p. 71.

défunt. Il place par-dessus les ronces une grosse pierre sur laquelle il monte, tenant de la main gauche un pot d'encens fumant, et de la main droite, une pelote de laine. L'un après l'autre, les parents montent sur la pierre et, traversant le nuage d'encens, passent de l'autre côté de la barrière. En passant, chacun d'eux prend un bout de laine offert par celui qui tient l'encens, et se l'attache autour du cou. Cette étrange cérémonie a pour objet d'empêcher l'esprit du mort de rentrer chez lui avec ceux qui le pleurent, et de s'établir dans ses anciens quartiers. Conçu comme un être en miniature, on le croit incapable de traverser à pied la barrière d'épines ; cependant que, fort sensible (comme tous les esprits) à l'odeur de l'encens, il ne pourra franchir cet obstacle sur l'épaule d'un des parents en deuil[1]. »

Les Tchins de Birmanie brûlent leurs morts et recueillent leurs os dans des vases de terre. Après quoi, à un moment convenable, on porte l'urne funèbre au lieu d'inhumation des ancêtres

1. Sir H. H. Risley, *The Tribes and Castes of Bengal, Ethnographic Glossary*, II (Calcutta, 1891), pp. 75 *sq.* Comparer E. T. Atkinson, The Himalayan Districts of the North-Western Provinces of India, II (Allahabad, 1884), p. 832 ; W. Crooke, *Popular Religion and Folk-Lore of Northern India* (Westminster, 1896), II, 57.

qui est situé en général au cœur de la jungle.
« Alors que les gens transportent le pot et les
ossements au cimetière, ils prennent avec eux du
fil de coton, et à chaque fois qu'ils arrivent à un
fleuve ou à une rivière, ils tendent le fil en
travers ; de la sorte, l'esprit du défunt qui les
accompagne pourra traverser en même temps
qu'eux. Quand les os et les aliments pour
l'âme ont été dûment déposés dans le cimetière,
ils retournent à la maison, après avoir prié l'esprit de demeurer en place et de ne pas les suivre
au village. En même temps, on barre le chemin
du retour en plaçant un bambou en travers de
la route [1]. » C'est ainsi que les parents en deuil
frayent au spectre un accès aussi facile que
possible jusqu'à la tombe, mais obstruent la
voie par laquelle il pourrait en revenir.

Les Indiens Algonquins, non contents de
battre les murs de leurs huttes pour chasser un
fantôme, tendaient des filets tout à l'entour pour
le prendre dans ses mailles, au cas où il aurait
essayé de pénétrer dans la maison. D'autres
composaient des odeurs fétides pour l'éloigner [2].

---

1. Rev. G. Whitehead, « Notes on the Chins of Burma »,
Indian Antiquary, XXXVI (1907), pp. 214 sq.

2. *Relations des Jésuites*, 1639, p. 44 (réimpression canadienne,
Québec, 1858).

Les Odjiboués avaient également recours à un certain nombre de procédés pour se garder de l'esprit des morts. Les voici, tels que les a décrits un Odjiboué lui-même : « Si le défunt est marié, il est d'usage fréquent que sa veuve, l'enterrement achevé, se mette à sauter pardessus la tombe et à courir en zig-zag derrière les arbres comme si elle cherchait à échapper à quelqu'un. Ceci s'appelle fuir l'esprit du mari pour n'en pas être obsédée. Le soir des funérailles, dès qu'il commence à faire sombre, les hommes déchargent leur fusil par le trou ménagé dans le toit du wigwam. Aussitôt que les coups de feu ont cessé, les vieilles femmes commencent à frapper à la porte et à mener un tel vacarme que tout esprit qui pousserait l'audace jusqu'à venir rôder près de là s'enfuirait effrayé. La cérémonie qui vient ensuite consiste à couper en bandes étroites, tels des rubans, une fine écorce de bouleau ; puis on donne à ces bandes certaines formes, et on les suspend à l'intérieur du wigwam, en sorte que le moindre souffle d'air puisse les agiter. Avec de tels épouvantails, quel esprit oserait venir troubler le sommeil des vivants ? De crainte que tout cela ne demeure encore inefficace, les indigènes prennent souvent une queue de daim dont ils font brûler ou roussir

les poils, puis ils en frottent le cou et les joues des
enfants avant qu'ils s'aillent coucher, dans l'idée
que cette odeur nauséabonde empêchera l'esprit
de pénétrer dans la maison. Je me rappelle fort
bien avoir été enduit de cette désagréable fumi-
gation et avoir eu grande confiance en sa vertu.
Comme on croit que l'âme s'attarde longuement
auprès du corps avant de le quitter définitivement,
on use de ces moyens pour hâter son départ[1]. »

Les Indiens Lenguas du Gran Chaco, dans
l'Amérique du Sud, vivent dans la terreur des
spectres de leurs morts. Ils s'imaginent que
l'un quelconque de ces esprits désincarnés peut
s'incorporer à nouveau et contracter un autre
bail de vie terrestre, si seulement il parvient
à s'emparer du corps d'un vivant pendant
l'absence temporaire de son âme. Car, comme
beaucoup d'autres sauvages, ils se figurent que
l'âme quitte le corps durant le sommeil pour
errer au loin dans le pays des rêves. C'est pourquoi, à la tombée de la nuit, les esprits des
morts arrivent en foule dans les villages et font
le guet dans l'espoir de trouver des corps vacants
où ils pourront se glisser. Tels sont, aux yeux
des Indiens Lenguas, les dangers et périls de la

---

1. Rev. Peter Jones, *History of the Ojebway Indians* (Londres,
s. d.), pp. 99 *sq.*

nuit. Si l'un d'eux s'éveille un matin, après avoir rêvé de chasse ou de pêche en un lointain pays, il estime que son âme ne saurait déjà être de retour d'un aussi long voyage, et que l'esprit qui est en lui doit être quelque démon ou quelque fantôme qui s'est introduit dans son enveloppe corporelle en l'absence du véritable propriétaire. Mais, si ces Indiens redoutent en tous temps les esprits des trépassés, ils les craignent doublement au moment où ceux-ci viennent de quitter leur dépouille mortelle. Une personne n'est pas plus tôt morte que tout le village est abandonné. Même si le décès se produit peu avant le coucher du soleil, il faut à tout prix vider les lieux, pour qu'avec les ombres de la nuit, l'esprit ne revienne pas jouer un mauvais tour aux habitants. Non seulement on abandonne le village, mais on brûle toutes les huttes, ainsi que les objets ayant appartenu au défunt. Car ces Indiens sont convaincus que l'âme d'un homme, si bon et si généreux qu'il ait pu être, sera toujours après sa mort une source de dangers pour la paix et la prospérité des vivants. Dans la soirée après le décès, l'esprit désincarné revient au village, et, transi par l'air glacé de la nuit, il cherche un peu de feu où il puisse se réchauffer. Il fouille dans les cendres pour y

trouver au moins un charbon encore rouge, dont
il pourra raviver la flamme. Si les tisons sont
éteints et froids, il en jette en l'air une poignée
et s'enfuit dépité. Tout Indien qui marchera sur
ces cendres verra un malheur, sinon la mort, le
frapper à brève échéance. En prévision de telles
calamités, les paysans se donnent la plus grande
peine pour réunir et enfouir tous les tas de
cendres avant de quitter le village. Quel serait
le sort d'un hameau où un esprit trouverait les
habitants encore chez eux à son retour ? Aucun
Indien n'ose y penser ! De là vient que, souvent,
un village en pleine activité à midi n'est plus,
le soir, qu'un désert fumant. Et comme les
Lenguas attribuent toute maladie aux maléfices
des mauvais génies et des sorciers, ils muti-
lent leurs mourants et leurs morts afin de tenir
en échec et de punir les auteurs du mal. A cet
effet, on ampute la partie du corps où le mauvais
génie est censé s'être installé. On fait communément subir aux mourants et aux morts l'opération suivante : une incision étant pratiquée
dans le flanc, on écarte avec les doigts les lèvres
de la coupure et on y introduit un os de chien,
une pierre, et une patte d'armadillo[1]. On croit

---

1. *Armadillo,* animal de l'espèce du tatou (Trad.).

qu'au moment où l'âme quittera le corps, la
pierre montera jusqu'à la Voie Lactée, et y restera
jusqu'à ce que l'auteur de cette mort ait été
découvert. Alors la pierre s'élancera vers la
terre sous forme de météore et tuera, ou tout au
moins, assommera le coupable. C'est ce qui
explique la terreur qu'inspirent aux Indiens les
étoiles filantes. La patte de l'armadillo sert à
fouiller le sol, et, en même temps que le météore, assure la destruction du mauvais génie
ou du sorcier. Quant à la vertu attribuée à l'os de
chien, les missionnaires n'ont pu la découvrir
encore ! [1]

Les Bhotias, qui habitent le district Himalayen
de l'Inde anglaise, observent des rites compli-
qués pour faire passer l'esprit d'une personne
décédée dans un animal qui est ensuite battu
par tous les habitants du village et chassé de
façon qu'il ne revienne plus. Ayant ainsi expulsé
l'esprit, les paysans s'en retournent allègrement
chez eux, chantant et dansant. Dans certains

---

1. « Sitten und Gebräuche der Lengua-Indianer, nach Missions berichten von G. Kurze », *Mitteilungen der Geographischen
Gesellschaft zu Iena*, XXIII (1907), pp. 17 *sq.*, 19 *sq.*, 21 *sq.* Les
indigènes de la rivière de la Croix (Nigeria méridional) comme
les Indiens Lenguas amputent les membres atteints de maladie,
avec l'idée que s'ils ne le faisaient pas, le patient souffrirait du
même mal à sa prochaine réincarnation. Voir Charles Partridge,
Cross River Natives (Londres, 1905), pp. 238 *sq.*

endroits, l'animal qui sert ainsi de bouc émissaire est un yack dont le front, le dos et la queue
doivent être blancs. Ailleurs, sous l'influence
de l'hindouisme, on a substitué aux yacks des
moutons et des chèvres [1].

Les veufs et les veuves sont particulièrement
antipathiques à l'ombre de leur épouse ou de
leur époux défunt, et doivent en conséquence
prendre des précautions spéciales contre lui.
Par exemple, chez les nègres d'Agomé, dans le
Togoland allemand, une veuve est obligée de
rester six semaines dans la hutte où est enterré
son mari. Elle est nue, les cheveux rasés, et
armée d'un bâton pour repousser les familiarités
trop pressantes de l'ombre de son mari ; si elle
les accueillait, elle mourrait sur-le-champ. La
nuit elle dort, le bâton placé sous elle afin que
l'astucieux esprit n'essaye pas de le lui prendre
pendant son sommeil. Avant de boire ou de
manger elle met toujours des morceaux de
charbon dans ses aliments ou sa boisson, pour
empêcher son époux mort de se nourrir ou de
se désaltérer avec elle ; autrement, elle mourrait. Si quelqu'un l'appelle, elle ne doit pas
répondre ; car son mari défunt l'entendrait, et

1. Charles A. Sherring, *Western Tibet and the British Border-
land* (Londres, 1906), pp. 127-132.

elle mourrait. Elle n'a pas le droit de manger
de fèves, ni de viande, ni de poisson ; elle ne
peut boire de rhum ni de vin de palmier, mais
il lui est permis de fumer du tabac. La nuit, on
entretient un feu dans la cabane, et la veuve
jette sur la flamme des feuilles de menthe pul-
vérisées et de poivre rouge pour que la puanteur
contribue à éloigner l'esprit de cette habitation [1].

Dans de nombreuses tribus de la Colombie
britannique, la conduite d'un veuf ou d'une
veuve, pendant un long temps après la mort de
son conjoint, est réglée par un code de restrictions minutieuses et tracassières dont toutes
paraissent reposer sur la croyance que les survivants, étant hantées par l'esprit du mort, non
seulement sont en péril eux-mêmes, mais sont
encore une source de danger pour autrui. Ainsi,
chez les Indiens Chouchouaps de la Colombie
britannique, veufs et veuves entourent leur lit de
buissons d'épines pour tenir éloigné l'esprit de
l'époux mort ; ils vont jusqu'à dormir sur des
buissons de ce genre, afin que l'ombre soit
moins tentée de partager leur couche épineuse.

1. Lieutenant Herold, « Bericht betreffend religiöse Anschauun-
gen und Gebräuche der deutschen Ewe-Neger », *Mitteilungen
von Forschungsreisenden und Gelehrten aus den deutschen Schutz-
gebieten*, v. Heft 4 (Berlin, 1892), p. 155 ; H. Klose, *Togo unter
deutscher Flagge* (Berlin, 1899), p. 274.

Ils doivent construire une « maison de sueur »
sur un petit cours d'eau, s'y faire transpirer
toute la nuit, et se baigner régulièrement dans
le courant; après quoi ils se frictionnent avec
des branches de sapin. Les branches ne peuvent
servir qu'une seule fois à cet usage ; on les plante
ensuite tout autour de la hutte, sans doute pour
la défendre contre l'esprit. Les parents du défunt
doivent faire usage de tasses et d'ustensiles de
cuisine qui leur soient propres ; aucun d'eux ne
doit se toucher la tête ni le corps. Les chasseurs
n'ont pas le droit de s'approcher d'eux ; et les
personnes sur qui leur ombre viendrait à se
projeter tomberaient malades sur-le-champ [1].
De même, chez les Indiens Tsetsaut, quand un
homme marié meurt, son frère est contraint
d'épouser la veuve ; mais il ne peut le faire
qu'après un certain laps de temps, car l'ombre
du défunt hante encore, croit-on, sa veuve et
pourrait molester son rival vivant. Pendant la
période de deuil, la veuve mange dans un plat
de pierre, garde un caillou dans la bouche, et
une branche de pommier dans le dos fixée à
son vêtement. Elle se tient assise toute droite,

1. Franz Boas, dans *Sixth Report on the North-Western Tribes
of Canada*, p. 92. (*Report of the British Association for the
Advancement of Science*, Leeds, 1890, tiré à part.)

jour et nuit. Quiconque traverse la hutte devant
elle est un homme mort. Les restrictions imposées aux veufs sont d'une nature analogue[1].
Dans l'île de Vancouver, chez les Indiens Lkun-
gen ou Songish, après la mort de l'un des
époux, il est interdit au survivant de se raser les
cheveux, car il pourrait acquérir ainsi un trop
grand pouvoir sur l'âme et les biens d'autrui.
Veufs ou veuves doivent rester seuls auprès de
leur feu pendant longtemps, et il leur est interdit de se mêler aux autres gens. Quand ils
mangent, personne ne doit les voir. Ils doivent
avoir le visage couvert pendant dix jours. Pendant les deux jours qui suivent la cérémonie
funèbre, ils jeûnent et il leur est défendu de
parler. Après quoi, ils ont le droit de dire
quelques mots, mais avant de s'adresser à qui
que ce soit, ils doivent aller dans les bois et se
nettoyer dans un étang à l'aide de branches de
cèdre. S'ils veulent faire du mal à un de leurs
ennemis, ils proclament son nom au moment de
rompre le jeûne et mordent vigoureusement
dans leurs aliments. Ils s'imaginent tuer leur
ennemi, probablement (mais ceci est une suppo-
sition) en attirant sur lui l'attention de l'esprit.

1. Franz Boas, dans *Tenth Report*, etc., p. 45. (Ipswich,
1895, tiré à part.)

Ils ne peuvent, ni s'approcher de l'eau, ni
manger du saumon frais, au risque de faire fuir
le poisson. Il leur est défendu de prendre des
aliments chauds, de peur que leurs dents ne
tombent[1]. Chez les Indiens Bella Coola, le lit
du survivant est protégé contre l'esprit du mort
par des buissons d'épines plantés dans le sol,
aux quatre coins. Il se lève de bonne heure le
matin et s'en va dans les bois ; là, il dispose
un carré de buissons d'épines, et se mettant au
centre de ce carré — où il se croit sans doute à
l'abri de toute intrusion du spectre — il se
nettoie en se frottant avec des branches de
cèdre. Il se baigne ensuite dans un étang ; et,
après avoir nagé, il fend quatre petits arbres et
passe à travers les troncs ainsi fendus, en suivant le cours du soleil.

Il accomplit pendant quatre matinées de suite
ce manège en fendant chaque fois de nouveaux
arbres. On peut conjecturer que l'objet de ce
passage à travers des arbres fendus est de dépis-
ter l'esprit. De plus, le survivant se coupe les
cheveux ras et fait brûler les cheveux coupés.
S'il n'observait pas ces règles, il rêverait du
défunt, croit-on, ce qui, pour les sauvages,

1. Franz Boas, dans *Sixth Report*, etc., p. 23 *sq.* (Leeds, 1890).

équivaut à dire qu'il serait hanté par l'esprit.
Chez ces Indiens, le code du veuvage pour l'un
ou l'autre sexe est particulièrement rigoureux.
Le mari ou la femme doivent jeûner pendant
quatre jours et ne pas proférer une seule parole,
autrement la morte ou le mort viendrait poser
sa main glacée sur la bouche du délinquant, qui
en mourrait. Il leur est interdit de s'approcher
de l'eau et de pêcher du saumon pendant une
année entière; ils n'ont pas le droit de manger
de harengs frais ni de poisson-chandelle, ou
olachen. Leur ombre même est tenue pour
néfaste, et ne doit atteindre personne[1].

Chez les Indiens Thompsons de la Colombie
britannique, veufs et veuves, au décès de leur
conjoint, sortaient aussitôt pour passer quatre
fois au travers d'un massif de rosiers. On ne
nous donne pas l'explication de ce rite; il est
permis de conjecturer qu'il avait pour objet de
faire hésiter l'ombre dans sa poursuite en lui
inspirant la crainte de s'égratigner aux épines.
Pendant les quatre jours qui suivaient le décès,
les survivants devaient errer à l'aventure, au soir
ou à l'aube, en s'essuyant les yeux avec des
ramilles de sapins qu'ils accrochaient ensuite à

---

1. Franz Boas, dans *Seventh Report*, etc. (Cardiff, 1891), p. 13.

des branches d'arbre, en invoquant l'Aurore. Ils
se frottaient aussi les yeux avec une petite pierre
prise dans le lit d'une eau courante ; puis ils la
jetaient en priant les dieux de ne pas les rendre
aveugles. Pendant ces quatre jours, ils n'osaient
pas toucher à leurs mets, mais les prenaient
avec des bâtonnets très pointus, et recrachaient
dans le feu à chaque repas les quatre premières
bouchées d'aliments et les quatre premières gor-
gées d'eau. Ils devaient dormir pendant toute
une année sur un lit fait de branches de sapin
et jonché, à la tête, aux pieds, et au milieu, de
tiges de rosiers. Fréquemment aussi ils portaient sur eux de petites branches de rosier, et
cela dans l'intention évidente de tenir l'ombre
à distance par la crainte des épines. Il leur
était interdit de manger d'aucune espèce de
viande ou de poisson frais pendant l'année. Un
veuf n'avait pas le droit de pêcher à la place
choisie par un autre pêcheur, ou avec le filet de
celui-ci. Autrement, la place et le filet devenaient inutilisables pour tout le reste de la
saison. Si un veuf transportait une truite dans
un autre lac, avant de la relâcher il lui soufflait
sur la tête, et après avoir mâchonné de la
graisse de daim, il la recrachait sur la tête du
poisson afin d'abolir l'effet maléfique de son

contact. Puis il le lâchait en lui disant adieu, et
lui recommandait de propager son espèce. Toute
herbe, tout branchage sur lesquels s'était assis
ou couché un veuf ou une veuve se flétrissaient
aussitôt. Si une veuve avait dû casser du bois
ou des branches, ses bras et ses mains se
seraient brisés. Elle ne pouvait cuire de nourriture, ni puiser de l'eau pour ses enfants ; elle
ne devait pas les laisser se coucher sur son lit ;
elle-même ne devait ni s'asseoir ni s'étendre à
l'endroit où ils dormaient. Certaines veuves
portaient pendant plusieurs jours une sorte de
caleçon fait d'herbes sèches, dans la crainte
que le spectre de leur mari n'ait commerce avec
elles. Un veuf n'avait pas le droit de pêcher ou
de chasser, parce que cela lui aurait été funeste
aussi bien qu'aux autres pêcheurs ou chasseurs. Il évitait que l'ombre de son corps ne
passât devant un autre veuf ou devant quiconque était supposé doué d'une intelligence
ou d'un pouvoir magique supérieurs[1]. Chez
les Indiens Lillooet de la Colombie britannique, les règles prescrites aux veufs et veuves
étaient à peu près semblables. Mais un veuf

---

1. James Teit, « The Thompson Indians of British Columbia »,
pp. 332 sq. (*The Jesup North Pacific Expedition, Memoir of the
American Museum of Natural History*, Avril 1900).

devait observer une coutume singulière au moment des repas. Il prenait ses aliments de la
main droite passée sous la jambe droite repliée,
et le genou dressé[1]. La raison de ce mouvement compliqué pour porter sa viande à la
bouche ne nous est point donnée ; on peut supposer qu'il avait pour motif de déjouer le
spectre affamé qui guettait sans doute chaque
morceau avalé par son mari, mais qui ne pouvait guère se douter que des aliments passés
ainsi sous le genou fussent destinés à être portés
à la bouche.

Chez les Indiens Kwakiutl de la Colombie
britannique, « les règlements relatifs à la pé -
riode de deuil sont, nous dit-on, très rigoureux.
En cas de décès du mari ou de la femme, le
survivant doit observer les règles suivantes :
pendant les quatre jours qui suivent le décès, il
doit demeurer assis et immobile, les genoux
remontés au menton. Le troisième jour, tous les
habitants du village, y compris les enfants,
doivent prendre un bain. Le quatrième jour, on
fait chauffer de l'eau dans une bouillotte en bois,
et le survivant se la verse goutte à goutte sur la
tète. Quand il est fatigué de rester immobile

1. James Teit, « The Lillooet Indians » (Leyde et New-York,
1906), p. 271 (*The Jesup North Pacific Expedition, Memoir*, etc.).

et sent le besoin de bouger, il pense à son
ennemi, étire lentement les jambes quatre fois,
et les ramène à leur position première. Après
quoi, son ennemi mourra certainement. Pendant
les seize jours qui suivent, il doit rester au
même endroit, mais avec la latitude d'étendre
les jambes. Toutefois, il ne lui est pas permis
de remuer les mains. Nul n'a le droit de lui parler, et quiconque enfreint cette défense sera puni
par la mort d'un membre de sa famille. Il prend
un bain tous les quatre jours. Une vieille femme
le nourrit deux fois par jour, à l'heure de la
marée basse, de saumon pris l'année précédente
et qui lui est offert dans le plat et avec la cuil-
lère du défunt. Tandis qu'il reste assis de la sorte,
son esprit erre à l'aventure; il voit ses amis
et sa maison comme s'ils étaient très, très éloignés. Si, dans ses visions, il remarque un homme
tout près de lui, ce dernier est sûr de mourir à
une date rapprochée; s'il le voit fort loin de
lui, il vivra encore longtemps. Au bout des
seize jours, il peut enfin se coucher, mais non
s'étendre de tout son long. Il prend un bain
tous les huit jours. A la fin du premier mois, il
retire ses habits et en revêt un tronc d'arbre. Au
bout du second mois, il peut s'asseoir dans un
coin de la maison; mais il ne doit pas se mêler

à ses compagnons pendant quatre mois encore.
Il ne doit pas passer par la porte de la maison, mais par une porte percée spécialement
pour lui. Avant de quitter la maison pour la
première fois, il doit s'approcher à trois reprises
de la porte et revenir sur ses pas ; après quoi, il
peut sortir. Au bout de dix mois, il se coupe
les cheveux ras ; et au bout de l'année le deuil
a pris fin [1] ».

Bien qu'on ne nous explique pas toujours les
raisons de ces restrictions minutieuses imposées
aux veufs et aux veuves par les Indiens de la
Colombie britannique, on peut affirmer, sans
risque de se tromper, qu'elles sont dictées toutes
sans exception par la crainte du revenant qui
hante le survivant, l'entoure d'une atmosphère
dangereuse, d'une ambiance de mort, ce qui
nécessite son isolement à la fois des hommes et
des principales réserves de leur alimentation,
en particulier des pêcheries, de peur que la personne infectée ne les contamine par sa présence
néfaste. Nous pouvons maintenant comprendre
le traitement extraordinaire que les Papous
d'Issoudun (Nouvelle-Guinée britannique) font
subir aux veufs. Leurs misères commencent dès

1. Franz Boas, dans *Fifth Report on the North Western Tribes
of Canada*, pp. 43 *sq.* (Newcastle-on-Tyne, 1889, tiré à part.)

la mort de leur femme. On dépouille aussitôt
le mari de tous ses atours ; il est insulté et
battu par tous les parents de sa femme ; sa
maison est mise au pillage, son jardin dévasté ;
personne ne consent à lui faire cuire ses repas.
Il dort sur la tombe de sa femme jusqu'à la fin
de son deuil. Il ne pourra jamais se remarier.
La mort de sa femme lui fait perdre tous ses
droits. C'est pour lui une mort civile. Jeune ou
vieux, chef ou plébéien, il n'est plus rien désormais, il ne compte plus. Il lui est défendu de
pêcher ou de chasser avec ses semblables ; sa
présence leur porterait malheur ; l'esprit de la
morte effrayerait le poisson ou le gibier. Il ne
prend plus part aux discussions ; il n'a plus voix
au chapitre dans les réunions de ses aînés. Il ne
peut plus se mêler aux danses ; il ne peut plus
avoir de jardin. Si l'un de ses enfants se marie,
il n'a pas le droit d'intervenir en quoi que ce
soit, ni d'accepter aucun présent. On ne tient
pas plus compte de lui que s'il était mort. Il
est devenu un être nocturne. Il lui est interdit
de se montrer en public, de traverser le village,
de se promener dans les chemins et les sentiers.
Il lui faut marcher dans l'herbe et les buissons,
tout comme un sanglier. S'il entend ou s'il voit
venir quelqu'un de loin — et surtout si c'est

une femme — il faut qu'il se cache dans un
fourré ou derrière un arbre. S'il veut aller à la
pêche ou à la chasse, il ne peut le faire que de
nuit. S'il a besoin de consulter quelqu'un, fût-ce
le missionnaire, il le fait en grand secret, et la
nuit. Il semble qu'il ait perdu la voix, tant il
parle bas. Il est peint en noir, des pieds à la
tête. Il a les cheveux ras, sauf sur les tempes où
flottent deux mèches. Il porte une calotte qui
lui recouvre tout le crâne jusqu'aux oreilles, et
se termine en pointe sur la nuque. Il porte
autour des reins une, deux, ou trois ceintures
d'herbes tressées ; il se met aussi aux bras et
aux jambes, du genou jusqu'à la cheville, des
bracelets et des anneaux de la même espèce ;
un collier semblable lui entoure le cou. Il doit
suivre un régime rigoureux, mais il ne l'observe pas plus qu'il ne faut, et mange en cachette tout ce qu'on lui donne ou tout ce qu'il
peut trouver. Son tomahawk l'accompagne en
tout temps et en tout lieu. Il en a besoin pour
se défendre contre les sangliers, et aussi contre
le spectre de sa femme qui pourrait avoir la
fantaisie de venir lui jouer quelque mauvais
tour ; car les âmes des morts reviennent souvent
et leurs visites sont fort peu souhaitables,
attendu que tous les esprits sans exception

sont méchants et ne prennent plaisir qu'à nuire aux vivants. Heureusement, ceux-ci peuvent les tenir en respect à l'aide d'un bâton, d'un feu, d'une flèche, ou d'un tomahawk. La condition d'un veuf, loin d'inspirer pour lui de la pitié ou de la compassion, ne sert qu'à faire de lui un objet d'horreur et de crainte. Presque tous les veufs, à vrai dire, ont la réputation d'être plus ou moins sorciers, et leur façon de vivre n'est guère propre à démentir l'opinion publique. Ils deviennent fatalement fainéants et voleurs, vu que tout travail leur est interdit ; sans travail, pas de jardins ; sans jardins, pas d'aliments ; voler est donc leur unique ressource et c'est là un métier qui ne saurait aller sans quelque audace et, à la rigueur, sans quelque coquinerie [1].

Il serait aisé, mais superflu, de multiplier les exemples de la terreur qu'a répandue dans l'humanité la croyance aux fantômes, et des conséquences, tantôt tragiques, tantôt risibles, qu'elle a entraînées [2]. Les faits précités suf-

1. Le Père Guis (de la Congrégation du Sacré-Cœur d'Issoudun, missionnaire en Nouvelle Guinée), « Les Canaques ; mort-deuil », *Les Missions Catholiques*, XXXIV (Lyon, 1902), pp. 208 sq.

2. J'ai donné ailleurs des exemples de la crainte des morts telle qu'elle se manifeste dans les rites funèbres (« On certain Burial

fisent à mon dessein qui est de montrer que
très probablement cette superstition si répandue
a servi une cause utile en exaltant le caractère
sacré de la vie humaine. Car il est raisonnable
de supposer que les hommes répugnent davantage à verser le sang de leurs semblables lorsqu'ils croient qu'en agissant de la sorte ils
s'exposent à la vengeance d'un esprit puissant
et courroucé, difficile à fuir ou à tromper. Sur
cette question, fort heureusement, nous n'en
sommes pas réduits aux seules conjectures. Le
savant le plus compétent en matière de religion
chinoise nous certifie que, dans ce vaste empire,
la crainte des esprits a positivement déterminé
ces résultats salutaires. Chez les Chinois, la
croyance en l'existence des morts, en leur
faculté de récompenser les bienfaits et de venger
les torts, est universelle et invétérée; elle s'est
transmise depuis un temps immémorial, et elle
se confirme dans l'expérience, ou plutôt dans
l'esprit de chacun par des centaines d'histoires
de revenants tenues pour authentiques. Nul ne
doute que les spectres ne puissent intervenir à
tout moment, en bien ou en mal, dans les
affaires des vivants et régler leur destinée. Les

Customs as illustrative of the Primitive Theory of the Soul »,
Journal of the Anthropological Institute, XV (1886), pp. 64 *sq.*)

Chinois ne se font pas de leurs morts la conception que nous nous faisons en général des nôtres, qui deviennent un souvenir triste et indistinct et forment quelque part, très loin, un groupe d'ombres que nous irons rejoindre à notre tour, mais qui ne peut venir à nous ni exercer aucune influence dans le pays des vivants. Les Chinois, au contraire, se figurent que les morts non seulement continuent de vivre, mais conservent des rapports actifs et un commerce incessant de bonnes et de mauvaises actions avec les vivants. Il existe bien, même en Chine, une ligne de démarcation entre les humains et les ombres, entre les vivants et les morts, mais on la dit fort ténue, et presque imperceptible. Ces relations constantes entre le monde matériel et le monde spirituel sont à la fois une source de misères et de félicités. L'esprit des trépassés régit la destinée humaine avec un sceptre de fer ou un sceptre d'or. L'homme a tout à espérer d'eux, mais il a aussi beaucoup à en craindre. Comme conséquence naturelle de cette croyance, c'est à l'esprit, à l'âme des morts que le Chinois adresse ses hommages. Sa religion pivote autour de ces fantômes chéris ou redoutés. S'assurer la faveur et l'aide de ces esprits,

détourner leur courroux et leurs véhémentes
attaques, c'est là le seul et unique objet des
cérémonies religieuses [1].

Cette foi des Chinois en l'existence et au
pouvoir des morts « exerce indubitablement,
nous dit-on, une influence vigoureuse et bienfaisante sur les mœurs. Elle assure le respect
de la vie humaine et encourage le traitement
charitable des infirmes, des vieillards et des
malades, surtout lorsqu'ils sont au seuil du
tombeau. La bienveillance et l'humanité ainsi
basées sur la crainte et l'égoïsme, peuvent
n'avoir qu'une piètre valeur morale à nos yeux ;
mais à tout prendre, le fait qu'elles existent dans
un pays où la culture n'a pas encore réussi à
persuader à l'homme de pratiquer le bien par
amour du bien, peut être considéré comme un
bienfait. Ces vertus s'étendent même aux animaux, car eux aussi ont une âme capable de
vengeance ou de reconnaissance. Mais cette
ferme croyance aux esprits et à leur justice
rétributive produit d'autres effets encore. Elle
prévient toute injustice grave et révoltante, parce
que la partie lésée, absolument certaine de la
puissance vengeresse de son esprit une fois

1. J. J. M. de Groot, *The Religious System of China*, IV
(Leyde, 1901), pp. 436 *sq.* ; en particulier pp. 450, 464.

désincarné, n'hésite pas toujours à se transformer en fantôme irrité au moyen du suicide, »
pour tirer, une fois mort, de son oppresseur,
la vengeance qu'il ne pouvait satisfaire de
son vivant. Des cas de suicides commis dans
cette intention sont loin d'être rares en Chine,
parait-il[1]. « Ce simple réseau de principes, écrit
le Professeur de Groot, réduit considérablement
le mépris de la vie humaine. Il a les effets les
plus salutaires sur l'infanticide des bébés du sexe
féminin, coutume monstrueuse, largement pratiquée par les pauvres de l'Amoï et des districts
ruraux environnants, comme en maintes autres
parties de l'Empire chinois. La crainte que
l'âme de ces pauvres petites victimes ne leur
porte malheur, détermine plus d'un père ou
d'une mère à abandonner dans la rue l'enfant
qu'ils ne peuvent élever, pour qu'une famille
l'adopte, ou qu'un hospice d'enfants trouvés
lui offre un refuge. »

Les personnes riches et charitables tirent parti
de ces craintes superstitieuses pour inculquer
l'usage d'un traitement plus humain des bébés-
filles. Ces personnes publient et répandent gra-
tuitement dans tout le pays des petites brochures

---

1. J. J. de Groot, *The Religious System of China*, IV, p. 450 *sq.*

où sont exposés de nombreux et terrifiants
exemples de châtiments infligés aux pères et aux
mères dénaturés par l'âme des bébés assassinés.
Ces récits hauts en couleur, bien que portant la
marque d'une imagination fertile, répondent à
merveille, paraît-il, au dessein bienveillant qui
les inspire. Ils se gravent profondément dans
les esprits crédules auxquels ils s'adressent ; ils
émeuvent les consciences obtuses et les cœurs
endurcis qu'un simple appel à l'affection naturelle laisserait insensibles [1].

Mais la crainte des revenants, si elle a contribué
directement à rehausser le caractère sacré de la
vie humaine en empêchant les individus cruels,
violents, ou malintentionnés, de verser le sang,
n'a pas moins contribué à ce résultat salutaire
d'une manière indirecte. En effet, le meurtrier
harcelé n'est pas seul à redouter l'ombre de sa
victime ; toute la communauté, comme nous l'a-
vons vu, partage sa crainte et se croit également
menacée par la présence de l'assassin, puisque
l'esprit irrité qui le poursuit peut se retourner
contre le premier venu et le tourmenter. C'est
pourquoi la société a de justes raisons pour
isoler, bannir, ou exterminer le coupable, afin de

1. J. J. de Groot, *op. cit.*, IV, 457-460.

s'affranchir de ce qu'elle considère comme un
péril imminent, une souillure dangereuse, une
contagion mortelle [1]. En d'autres termes, la
communauté a tout intérêt à châtier l'homicide.
Ce n'est pas que le traitement de ce crime, par la
tribu ou par l'État, fût conçu à l'origine comme
un châtiment, car on le regardait plutôt comme
une mesure de légitime défense, une quarantaine morale, un moyen de purification et de
désinfection spirituelles, un exorcisme. C'était
une façon de soustraire la population en masse,
et parfois l'homicide lui-même, à l'influence néfaste de l'esprit que les intelligences primitives
se représentaient comme quelque chose de matériel et de tangible, susceptible d'être littéralement
lavé et nettoyé avec de l'eau, du sang de porc ou
de mouton, ou d'autres détersifs. Mais lorsque
cette purification se traduisait pour le coupable
par la suppression de sa liberté, ou par sa mise
à mort en vue d'apaiser l'ombre de sa victime,
ce rite ne se distinguait plus en pratique du
châtiment, et la crainte qu'il inspirait détermi-
nait un effet inhibitif aussi certain que si cette

1. L'orateur grec Antiphon remarque que la présence d'un
homicide souille toute la cité et frappe le pays de stérilité (Antiphon, édit. F. Blass, Leipzig, 1871, pp. 13-15, 30). Voir aussi
L. R. Farnell, *The Evolution of Religion* (Londres, 1905) pp. 139
sq.

purification était infligée comme un véritable
châtiment. Quand un homme est sur le point
d'être pendu, c'est pour lui une maigre consolation de savoir que son supplice n'est point un
châtiment, mais une purification. Mais les deux
conceptions se fondent aisément et presque
insensiblement ; si bien que ce qui était à l'origine un rite religieux, une consécration ou
un sacrifice solennels, devient peu à peu une
fonction purement civile, une pénalité dont la
société frappe ceux qui l'ont lésée ; le sacrifice
devient une exécution, le prêtre se retire et le
bourreau s'avance. C'est ainsi que la justice
criminelle a probablement été basée en grande
partie sur une forme grossière de la superstition,
longtemps avant que le cerveau subtil des juristes
et des philosophes l'ait déduite, logiquement et
suivant leurs prédilections diverses, d'une théorie
rigide de juste rétribution, d'une politique pré-
voyante consistant à faire de la loi un épouvan-
tail pour les malfaiteurs —, ou encore d'un désir
charitable de réformer le caractère du criminel
et d'assurer le salut de son âme dans l'autre
monde en pendant ou en brûlant son corps dans
celui-ci.

Si ces déductions ne prétendent qu'à justifier
en théorie la pratique du châtiment, elles peu-

288 LA TÂCHE DE PSYCHÉ

vent être bien ou mal fondées ; mais si elles prétendent l'expliquer historiquement, elles sont fausses, à coup sûr. On ne peut pas reconstituer le passé en transportant dans un siècle donné les idées d'un autre siècle, ni en interprétant les plus anciens produits de l'évolution mentale dans les termes qui désignent les plus récents. On peut faire des révolutions de cette façon-là, on ne saurait écrire ainsi l'histoire.

Si ces considérations sont justes, la crainte des revenants a protégé la vie humaine de deux façons différentes. D'une part, elle a inspiré à tous les individus, et pour des motifs égoïstes, une répugnance plus grande à tuer leur semblable ; et d'autre part, elle a incité la société à punir le meurtrier. Elle a placé la vie humaine dans une double enceinte fortifiée ; la morale et le droit. Les têtes chaudes et les cœurs endurcis ont trouvé une double raison de s'abstenir du dernier pas fatal ; ils ont eu à redouter, d'un côté, l'esprit de leur victime, et de l'autre, les rigueurs de la loi ; ils sont dans une impasse entre l'enfer et la mer profonde, entre le spectre et la potence. Et lorsque, avec les progrès de la pensée humaine, l'ombre du spectre s'évanouit, la silhouette sinistre du gibet demeure pour protéger la société sans l'aide des terreurs super-

stitieuses. C'est ainsi que la coutume survit souvent au motif qui l'a engendrée. Pourvu qu'une
institution soit bonne en pratique, elle restera
inébranlée après que sa vieille base théorique
aura été sapée ; on lui trouvera des fondements
nouveaux et plus résistants, parce que plus vrais,
sur lesquels elle reposera désormais. De plus
en plus, à mesure que le temps s'écoule, la
morale change de terrain, désertant les sables
de la superstition pour les rochers de la raison,
passant de l'imaginaire au réel, du surnaturel
au naturel. Dans le cas qui nous occupe, l'État
n'a pas cessé de protéger la vie de ses paisibles
citoyens, du fait que la croyance aux esprits a
été ébranlée : il a trouvé des raisons meilleures
que les contes de bonnes femmes pour défendre,
avec l'épée flamboyante de la Justice, les appro-
ches de l'Arbre de Vie.

CONCLUSION

———

Résumons cet examen rapide de l'influenct exercée par la superstition sur le développemene des institutions. Nous espérons avoir donné la preuve, ou du moins montré la probabilité, des propositions suivantes :

I. — QUE, CHEZ CERTAINES RACES ET À CERTAINES ÉPOQUES, LA SUPERSTITION A AFFERMI LE RESPECT DU GOUVERNEMENT, EN PARTICULIER DU GOUVERNEMENT MONARCHIQUE, CONTRIBUANT AINSI À L'ÉTABLISSEMENT ET AU MAINTIEN DE L'ORDRE SOCIAL.

II. — QUE, CHEZ CERTAINES RACES ET À CERTAINES ÉPOQUES, LA SUPERSTITION A AFFERMI LE RESPECT DE LA PROPRIÉTÉ PRIVÉE, CONTRIBUANT AINSI À EN ASSURER LA JOUISSANCE.

III. — QUE, CHEZ CERTAINES RACES ET À CER-

TAINES ÉPOQUES, LA SUPERSTITION A AFFERMI LE
RESPECT DU MARIAGE, CONTRIBUANT AINSI À UNE
PLUS STRICTE OBSERVANCE DES RÈGLES DE LA MO-
RALE SEXUELLE, À LA FOIS CHEZ LES INDIVIDUS
MARIÉS ET CHEZ LES INDIVIDUS NON MARIÉS.

IV. — QUE, CHEZ CERTAINES RACES ET À CER-
TAINES ÉPOQUES, LA SUPERSTITION A AFFERMI LE
RESPECT DE LA VIE HUMAINE, CONTRIBUANT AINSI
À EN ASSURER LA JOUISSANCE.

Mais ces institutions : gouvernement, propriété individuelle, mariage, respect de la vie
humaine — sont les piliers sur lesquels reposent
tout l'édifice de la société civile. Ces piliers
ébranlés, la société tremble sur sa base. Si donc
ces institutions : gouvernement, propriété individuelle, mariage, respect de la vie humaine —,
sont profitables et essentielles à l'existence de
la société, il s'ensuit qu'en les consolidant la
superstition a rendu de grands services à la
cause de la civilisation. Elle a fourni aux masses
sociales un motif — motif erroné, il est vrai —
d'action féconde. Et, à tout prendre, n'est-il pas
préférable, et de beaucoup, pour l'humanité, que
les hommes agissent bien par des motifs erronés,
que s'ils agissaient mal avec les meilleures

intentions du monde ? Ce qui intéresse la société,
c'est la conduite et non l'opinion. Pourvu que
nos actions soient bonnes et justes, peu importe
à autrui que nos opinions soient fausses. Le
danger des opinions incorrectes, danger des
plus sérieux, est qu'elles déterminent, en général, des actions mauvaises. Elles sont donc,
à n'en pas douter, un mal considérable, et
tous nos efforts doivent tendre à les rectifier.
Mais des deux maux, une conduite mauvaise
est en soi plus à redouter qu'une opinion
fausse, et tout système religieux ou philoso-
phique qui attribue plus d'importance à une
opinion juste qu'à une saine conduite, tout système qui exalte l'orthodoxie plus que la vertu,
est, en tant que tel, à la fois immoral et préju-
diciable aux intérêts supérieurs de l'humanité.
Ces systèmes invertissent l'ordre de véritable
importance et de réelle valeur morale entre la
pensée et l'action, car c'est par ce que nous faisons, non point par ce que nous pensons, que
nous sommes utiles ou inutiles, secourables ou
nuisibles à nos semblables. Considérée comme
un ensemble d'opinions fausses, la superstition
est sans nul doute un guide des plus dangereux
dans la pratique, et les maux qu'elle a causés
sont incalculables. Mais si considérables qu'ils

soient, ces maux ne doivent point nous rendre aveugles aux bienfaits que la superstition a répandus dans la société en fournissant aux ignorants, aux faibles et aux pauvres d'esprit une raison, si mauvaise soit-elle, d'agir bien. C'est un roseau, un roseau brisé, mais qui néanmoins a soutenu les pas de maint pauvre mortel errant qui aurait trébuché et fût tombé sans lui. C'est une lumière, bien faible et vacillante il est vrai, qui, si elle a attiré plus d'un matelot sur des récifs, a malgré tout guidé plus d'un voyageur égaré sur la mer tumultueuse de la vie vers un hâvre de paix et de tranquillité. Les fanaux une fois dépassés et l'embarcation à bon port, qu'importe que le pilote se soit dirigé par les feux-follets ou les astres ?

Tel est, Mesdames et Messieurs, mon plaidoyer en faveur de la Superstition. Peut-être sera-t-il invoqué pour mitiger la sentence prononcée contre cette accusée chenue, lorsqu'elle comparaîtra devant ses juges. Et pourtant, cette sentence, n'en doutez point, sera un arrêt de mort. Mais il ne sera pas exécuté de notre temps. Il y aura un long, un très long sursis. C'est en qualité d'avocat, et non point de bourreau, que je me suis présenté devant vous ce soir. A Athènes, l'Aréopage jugeait de nuit

les causes criminelles [1], et c'est de nuit que j'ai
parlé en faveur de cette puissance des ténèbres.
Mais il se fait tard, et il faut que je m'évanouisse
avec mon sinistre client avant que le coq chante
et que l'aube grisâtre pointe à l'horizon...

1. Lucien, *Hermotimus*, 64, κατὰ τοὺς Ἀρειοπαγίτας αὐτὸ
ποιοῦντα, οἳ ἐν νυκτὶ καὶ σκότῳ δικάζουσιν, ὡς μὴ ἐς τοὺς
λέγοντας, ἀλλ' ἐς τὰ λεγόμενα ἀποβλέποιεν; *id, De Domo*, 18,
εἰ μὴ τύχοι τις παντελῶς τυφλὸς ὢν ἢ ἐν νυκτὶ ὥσπερ ἢ ἐξ
Ἀρείου πάγου βουλή ποιοῖτο τὴν ἀκρόασιν.

TABLE DES MATIÈRES

CHAPITRE III

DU MARIAGE

CHAPITRE IV

DU RESPECT DE LA VIE HUMAINE

CONCLUSION

ÉVREUX. — IMPRIMERIE HÉRISSEY

www.ingramcontent.com/pod-product-compliance
Lightning Source LLC
Chambersburg PA
CBHW050505270326
41927CB00009B/1906